Andrea Rottloff

Jesus von Nazaret
Eine Ortsbegehung

Mit Fotografien
von Sandu, Dinu und Radu Mendrea

Mit einem Beitrag
von Wolfgang Zwickel

Inhalt

Radu Mendrea: Stellen Sie sich vor … The Making of	4
Andrea Rottloff: Ein Leben in Palästina zwischen Juden und Römern. Historisch-archäologischer Überblick zur Jesuszeit	7
Wolfgang Zwickel: Historischer oder literarischer Jesus?	11

Foto-/Bildteil – Texte von Andrea Rottloff

Sepphoris – „… wie ein Vogel auf einem Zweig"	16
Nazaret – ein Erzengel besucht das Dörfchen	18
Katzrin – Raum ist in der kleinsten Hütte	20
Betlehem – der Stall war eine Höhle	22
Caesarea Maritima – „Tochter Roms" in der Levante	24
Herodion – ein Palast als Denkmal und Grab	26
Tiberias – Hauptstadt der Heimatlosen	28
Jordantal – ein Paradies droht, zur Kloake zu werden	30
Ein Kerem – ein Asket als Vorläufer Jesu	32
Yardenit – Taufe und Salbung: bedeutende Riten	34
Susita/Hippos – der Geheimtipp am See Gennesaret	36
Gerasa – „… die Schweine der Gadarener"	38
Kana – ein Hochzeitssaal als Pilgerziel	40
See Gennesaret – Fische im Zentrum des Interesses	42
Ginosar – das Große Wrack-Puzzle	44
Kapernaum – Jesu Wahlheimat	46
Kapernaum – Synagoge mit Medusa	48
Mount of Beatitudes – Bergpredigt mit wunderbarer Aussicht	50
Tabgha – sieben Quellen und Tausende Brote und Fische	52
Ölhain in Galiläa – „… dass es auch den trägsten Landmann zur Arbeit anregt"	54
Betsaida – die drei Betsaidas	56
Gamla – Rebellennest im Golan?	58
Mount Tabor – Verklärung: weißes Licht auf dem Berg Tabor?	60
Hammat Gader – Wellness und Heilung im Thermalbad	62
Samaria – „Gehet nicht auf der Heiden Straße und ziehet nicht in der Samariter Städte …"	64
Qumran – „socia palmarum – nur die Palmen zur Gesellschaft"	66
Jerusalem – Sehnsuchtsziel und Konfliktzone	68
Jerusalem – Stadt der Lebenden und der Toten	70
Jerusalem – Tempel, Paläste und rituelle Tauchbäder	72
Betanien – „Lazarus, komm heraus!"	74
Jerusalem – lebendiges Wasser	76
Jerusalem – ein Abendmahl im *triclinium*	78
Jerusalem – Jesu Leidensweg folgen	80
Jerusalem – „Seht, welch ein Mensch!"	82
Jerusalem – „Ich will diesen Tempel abbrechen"	84
Jerusalem – Priester, Pilger und eine Leiter	86
Jerusalem – Schlange stehen für eine Ruine?	88
Jerusalem – ein Familiengrab für Jesus?	90
Jerusalem – „Steh auf, meine Freundin, meine Schöne, so komm doch!"	92
Wadi Qelt – Emmaus ist überall	94
Danksagung, Abbildungsnachweis, ausgewählte Bibliografie, Impressum	96

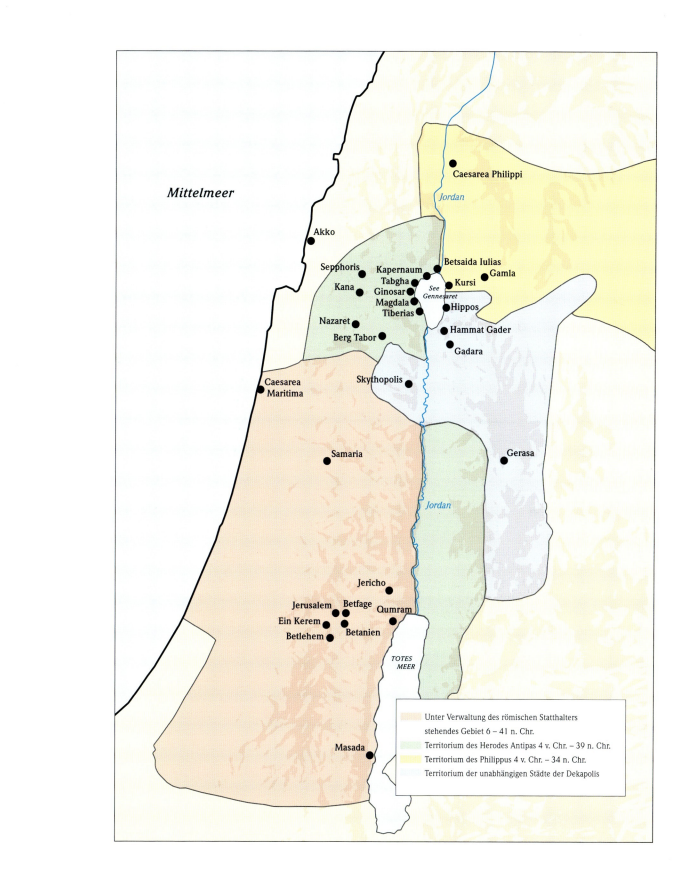

Stellen Sie sich einmal vor …

The Making of

von Radu Mendrea

Das Land Jesu – eine Fotoreise.

Stellen Sie sich einmal vor, jemand würde Sie beauftragen, das Leben eines Mannes fotografisch zu dokumentieren, der vor zweitausend Jahren gelebt hat, nicht einmal vierzig geworden ist, über kein Königreich geherrscht hat und uns keinerlei von ihm errichtete Bauten, Straßen oder Brunnen hinterließ, ja nicht einmal ein Kunstwerk oder irgendeine Hinterlassenschaft, die die Archäologen hätten ausgraben können. Es besteht auch kaum Aussicht darauf, dass er selbst zu irgendeinem Zeitpunkt Gedanken zu Papier gebracht und uns ein Manuskript hinterlassen hätte, das in einer Wüstenhöhle auf seine Entdeckung wartet.

Auf was wir heute noch blicken, sind Landschaften – Berge, Flusstäler und Wüsten – die an jene Zeiten erinnern, auch wenn Städte und Schnellstraßen, Telefonmasten und Steinbrüche bis tief ins galiläische Hochland und ans Tote Meer vorgedrungen sind. Wälder sind gerodet worden, um zuletzt für das osmanische Eisenbahnnetz Brennmaterial und Bahnschwellen zu beschaffen. Es wird heute in Israel kaum ein rustikal gestaltetes Haus gebaut oder eine Gartenanlage konzipiert, für die keine der recycelten, massiven alten Bahnschwellen zur Verwendung kommen. Aus den Wäldern, die Jesus und seine Jünger durchwandert haben mögen, sind so in zweiter und dritter Nutzung Abtrennungen für Blumenbeete und Türrahmen geworden.

Hoch über dem See Gennesaret.

Es passieren aber auch heute noch Wunder. Wie an jenem Spätnachmittag im Winter 1998-99, auf einer Anhöhe oberhalb des Sees Gennesaret (s. Bildteil S. 42), von der mein Bruder Dinu und ich zu jenem Zeitpunkt vorerst nur herzlich wenig wussten. Dort sollte einmal eine Dekapolis-Stadt gestanden haben, die in kaum einem Reiseführer Erwähnung fand, die aber auf unserer Themenliste für einen Bibelatlas vorkam. Eine schlecht asphaltierte Straße, die wir erst noch finden mussten, führte zuerst durch die Obstbaumplantagen eines Kibbuz und dann in Serpentinen den Westhang der Golanhöhen hinauf. Und dann fanden wir Hippos (s. Bildteil S. 36), ein Bergsporn, von dichtem Gras bedeckt, das Grün hier und da von ersten Ausgrabungen unterbrochen. Die freigelegte antike Hauptstraße führte schnurgerade in Richtung des Sees und gab die Sicht in alle Richtungen frei – zu den Ausläufern des Golan, die wie Sphinx-Tatzen auf den See zuliefen, dann zur unerwartet weiten, von der Dämmerungsbrise gekräuselten Wasseroberfläche und zu den tief gestaffelten Hügeln Galiläas. Der hutrunde Berg Tabor (s. Bildteil S. 60), der Berg der Verheißung, schien der untergehenden Sonne als dunkles Gegenstück zur Seite zu stehen. Außer uns war niemand da. Als sich endlich der Abend über die Landschaft legte, kehrten wir laufend und von dem gerade Erlebten berauscht den Hang zur Straße hinunter.

Heute sind die Ausgrabungen schon weit fortgeschritten, statt des Grüns sind ein halbes Dutzend byzantinischer Kirchen zu bewundern, immer mehr Touristen finden den (jetzt ausgeschilderten und ausgebesserten) Weg hinauf, aber mit etwas Glück kann man die Geisterstadt und die Aussicht immer noch für sich alleine genießen – von gelegentlich still über die Säulenreihen segelnden Adlern einmal abgesehen.

Am Aussichtspunkt des Moses.

Das „andere Heilige Land", wie sich Jordanien selbst den Pilgern und Touristen manchmal vorstellt, hat keine gesicherten Jesus-Stätten vorzuweisen; dass aber der Heiland durch die Landschaften Transjordaniens gewandelt ist, ist den Evangelien deutlich zu entnehmen. Für mich war das Land die Erfüllung alter Reiseträume. Ich entdeckte es mit Kamera und Reiseführer in der Hand, mit dem Rucksack voller Wasserflaschen, Landkarten, Wandersocken und Wundsalbe. Die Sommernacht im Freien, auf dem Hügel gegenüber der Moses-Kirche am Berg Nebo, war an sich nichts Besonderes – kurz und sternenhell, mal still, wie man es im kargen jordanischen Hochland nicht anders erwartet, mal vom Geratter eines LKW erschüttert, der auf den steilen Serpentinen vom Toten Meer hinauffuhr. Als der Wecker neben der Isomatte klingelte, waren sonst nur Zikaden zu hören und die Sonne lag noch unter dem Horizont. Die Nebo-Kirche stand vor mir, halb antike Ruine, halb Behelfsbau, vom kleinen Garten des Franziskanerklosters, römischen Meilensteinen und byzantinischem Gemäuer umgeben, so wie man es von Bildern kennt. Was ich aber im August niemals zu hoffen gewagt hatte, tat sich für mich auf, sobald ich an den Rand des Plateaus trat: Eine kristallklare Sicht über die riesige Senke im Westen, mit dem Jordantal (s. Bildteil S. 30) um Jericho, dem Toten Meer auf ihrem Grund und den steil aufsteigenden Bergen von Jerusalem (s. Bildteil S. 68–73, 75–93) direkt gegenüber. Kein Hochsommerdunst bis weit nach Norden, hinter den Hügeln des biblischen Gilead. Pater Michele Piccirillo, der viel zu früh verstorbene Archäologe, dem die Auffindung und Rettung vieler der schönsten Mosaiken Jordaniens zu verdanken ist, gab mir einen Schnellkurs in transjordanischer Kirchengeschichte, mit dem bodenlosen Grabenbruch und der Wüstenlandschaft der judäischen Berge als Kulisse. Es wirkte alles etwas unwirklich und die bodenständige Freundlichkeit des Professors verstärkte diesen Eindruck nur. Das von ihm heraufbeschworene Bild christlicher Beduinenstämme, die viele Jahrhunderte lang ins Zelt ihres Priesters

Die Golanhöhen nahe Banias, dem einstigen Caesarea Philippi, eine wichtige Station in der Geschichte Jesu. Die dunkle Basaltlandschaft wirkt im Frühling wie verzaubert.

zum Beten gingen, der seine Würde nach alttestamentlicher Manier vom Vater auf den Sohn übertragen bekam, ließ mich seither nicht mehr los.

Reise mit offenen Augen.

In den Palästinensergebieten ist die Stimmung leider selten so biblisch-gelassen, auch wenn die Landschaft oft die gleiche wie auf israelischer Seite zu sein scheint. Das bergige Rückgrat des Westjordanlandes ist über und über von antiken Terrassen durchzogen, davon heute noch viele mit Weizen oder Olivenbäumen bebaut. Auf manchen Hügelkuppen erheben sich, eher ortsfremd wirkend, Häuserreihen mit roten Satteldächern. Es sind die ideologisch begründeten Siedlungen jüdischer, meist streng bibeltreuer Nationalisten, die sich hier im Kernland des Reiches König Davids wähnen. Dazwischen die chaotisch gebauten Städte und Dörfer der Palästinenser, die die Hügel und Trockentäler mit Billigbeton überziehen – ein seltsamer Nachklang eines alten Zionistenliedes an die Heimat, das dem Altneuland ein modernes Kleid aus Beton verspricht. Fast vergeblich suchen das Auge und das Kameraobjektiv nach der ausgeglichenen, nüchternen Schönheit orientalischer Architektur. Auch die Villen reicher Palästinenser ähneln eher fernöstlichen Pagoden oder geben sich europäisch-barock und selbst die vielen neuen Moscheen wirken eher dem Plattenbaustil als der alten Bautradition verbunden. Die schwierigen Verhältnisse in Israel-Palästina sind nur eine der vielen Erklärungen für den Untergang ästhetischer, aus der Landschaft heraus organisch gewachsener Bauweisen. Um so glücklicher ist man dann, wenn man die wohlerhaltenen Altstädte von Jerusalem oder Nablus erreicht, oder – auf beiden Seiten der vagen politischen Trennlinie – in einzelnen Städten und Dörfern Häusern begegnet, deren Kuppeldächer, Türstürze und Fensterrahmen für Baustatik sowie Zierde ganz auf das hier so seltene Holz verzichten und sämtlich aus dem örtlichen hellen Stein bestehen.

Über der von gleich zwei Hausbergen eingeklemmten Stadt Nablus entdeckte ich bald die völlig unerwartete Gestalt einer italienischen Renaissance-Villa. Die getreue Kopie von Palladios La Rotonda aus der Nähe von Vicenza blickt über den Rand des biblischen Bergs Garizim auf die Stadt hinunter, heißt hier Beit Falasteen oder „Palästina-Haus" und gehört einem hier geborenen und anderswo zu Geld gekommenen Milliardär. Der Rest des Berggipfels ist von einem modernen Dorf und einer archäologischen Stätte eingenommen – hierher zogen sich die letzten Samaritaner vor der Gewalt der Ersten Intifada zurück. Einst Herren über das gesamte Umland, zählen sie nun ganze 750 Seelen. Zur Zeit Jesu war Samarien (s. Bildteil S. 64) für die Juden Fremdland und so berichtet nur eines der Evangelien von einem Abstecher des Wanderpredigers aus Nazaret in ihre Hochburg unter dem Garizim und der Bekehrung der Samariterfrau am Jakobsbrunnen.

Immer einen Kreuzzug wert.

Seit dem Untergang des Jerusalemer Heiligtums in den Flammen des Jüdischen Krieges vor bald 2000 Jahren sind die prunkvollen Tempelfeiern und -rituale sowie das ausufernde Treiben am heiligen Berg Moriah, das Jesus so missfiel, im Judentum von nichts Gleichartigem mehr ersetzt worden. Anders als die Synagogen, die bloß als Orte des Lernens und Gebets verstanden werden, sind Kirchen traditionell als Abbild der Schöpfung gedacht und dienen, wenn an besonders heiligen Orten errichtet, auch als Reliquienschrein und gewissermaßen als Fenster zum Himmelreich Gottes. Keine Kirche im Christentum verfügt über eine stärkere Aura als die Grabeskirche zu Jerusalem (s. Bildteil S. 86), die Todesstätte, Grab und somit Auferstehungsort Christi unter einem Dach vereinigt. Umso verblüffter wird selbst der gut vorbereitete Besucher sein, der diesem altehrwürdigen Bau gegenübersteht. Die Kirche hat nämlich keine richtige Fassade, keinen weitläufigen Vorplatz, ja man kann von den gesamten Außenmauern lediglich einen Abschnitt der Südfassade um den Haupteingang erblicken, da der Rest von Gebäuden aller Art verdeckt ist. Im Inneren ist es noch schlimmer. Wer als Fotograf einen Gesamtblick über die Kirche bekommen will, wird grundsätzlich an den neuzeitlichen Zwischenmauern scheitern, die die Griechisch-Orthodoxen mit eifersüchtigem Fleiß zwischen den Säulen des Hauptschiffs der Kreuzfahrerkirche hochgezogen haben, um sich eine abgetrennte Kirche innerhalb der Kirche zu schaffen. Die einzige Aussichtsstelle, die den Anschein einer einheitlichen Kirche noch erlaubt, ist die zweite, am höchsten gelegene Galerie an der Kuppel oberhalb der Grabrotunde (s. Bildteil S. 88). Von dort oben schweift der Blick über die Abgrenzungen hinweg und erfasst zugleich Grabkapelle und Hauptschiff. Der Weg zu einer Genehmigung, diese Galerie betreten zu dürfen, ist aber eher verschlungen und mutet etwas byzantinisch an – wer in der Grabeskirche zu Jerusalem fotografieren will, nimmt das aber gerne in Kauf.

Um die Grabkapelle, den Golgatafelsen und weitere Kirchenteile menschenfrei und in Ruhe fotografieren zu können, kam für uns nur ein Mittel in Frage: sich über Nacht darin einschließen zu lassen. Seit Saladins Zeiten sind zwei muslimische Familien damit beauftragt, den Schlüssel zur Grabeskirche aufzubewahren und das Tor über Nacht abzuschließen. Im Inneren geht das Klosterleben rund um die Uhr weiter, Mönche stehen vor den wichtigsten Kapellen Wache, verrichten die nötigen Gebete und stellen sicher, dass „Rivalen" anderer Konfession sich nicht in ihre Bereiche vorwagen. Die Griechisch-Orthodoxen, Franziskaner und Armenier haben ihre Klöster teilweise in der riesigen Kirche selbst eingerichtet. Mein Bruder und ich durften neben ihnen eine Nacht lang arbeiten – am Kalvarienberg Kabel verlegen und die Grabkammer Jesu ausleuchten. Das sogenannte Grab des Josef von Arimatäa gehört syrischen Christen, die seit dem Sechstagekrieg von Jerusalem abgeschnitten sind. Die Kapelle davor ist entsprechend heruntergekommen, wir mussten Strom von sehr weither holen und das Bild der aus dem rohen Felsen gehauenen antiken Grabhöhle gelang schlussendlich nur mit Hilfe von einem guten Dutzend Wachskerzen.

In der Grabkammer Jesu hätte man uns das nie erlaubt, hier werden Kerzenständer und Ikonenstellungen wie wahre Basteien im Grabenkrieg der Konfessionen verteidigt. Das Problem war aber eher die Enge des Raumes, der nur die weitwinkligsten Objektive gewachsen sind. Mein Bruder Dinu musste hinter der Kamera eine dermaßen verrenkte Position einnehmen, wie ich sie bislang nur einem geübten Yogi zugemutet hätte.

Am frühen Morgen waren wir beide so müde, dass wir dem komplizierten Prozedere um das Öffnen des Haupttores kaum noch Beachtung schenkten, obwohl es sich durchaus lohnt: Der schwere Schlüssel wird von außen ins Schloss geschoben, durch eine kleine Öffnung wird eine Leiter hineingereicht, Riegel werden geöffnet und die schweren Holztore gehen knarzend auf.

Die Grotten von Nazaret – einmal fern, einmal nah.

Trotz aller Mühe verließen wir die uralte Grabeskirche mit dem guten Gefühl erledigter Arbeit und um eine wichtige Erfahrung bereichert. Die moderne Verkündigungsbasilika aus Nazaret (s. Bildteil S. 18) stand uns jedoch noch bevor. Was hätte da aber noch schiefgehen können? Als größte Kirche des Nahen Ostens bekannt, untersteht sie ganz der Obhut der Franziskaner – und der zuständige Pater Superior war Deutscher! Da würde es keine Sprachbarriere geben, man würde alles höflich und sachlich besprechen können, umso mehr, als wir gerade an einem Bibelatlas arbeiteten, der von einem berühmten Franziskaner-Pater geschrieben worden war. Womit ich jedoch nicht gerechnet hatte, war eine andere deutsche Sekundärtugend: die Strenge. Den Abt bekamen wir nicht zu Gesicht, unser Zugang wurde nur unter strikten Auflagen erlaubt und zur Aufsicht bekamen wir einen philippinischen Mönch, der gut in den intrigenreichen Roman „Der Name der Rose" hineingepasst hätte. Der Bereich mit der Verkündigungsgrotte und den archäologischen Funden ist von einem Geländer umgeben, das verschlossen vor uns stand. Die Stimmung war so eisig, dass unsere Sozialisierung im kommunistischen Rumänien leider durchschlug und wir uns damit begnügten, mit ausgestreckten Armen und Stativen an die wichtigen Details möglichst nahe heranzukommen. Der Mönch blickte uns mit eiserner Miene an und sagte kein Wort. Als unsere Zeit um war, strömten Pilgergruppen in die Kirche hinein und … passierten ganz nonchalant das Geländer, um sich vor der Grotte zu versammeln. Wie es sich herausstellte, hätten wir das auch gedurft. Ein zweiter Anlauf zu vernünftigen Bedingungen wurde uns aber dennoch nicht genehmigt.

Zum Glück gab es da noch einen Geheimtipp: ein Nonnenkloster, in dessen Kellergeschoss eines der besterhaltenen Rollsteingräber des Heiligen Landes ausgegraben wurde, nebst anderer seltener Funde aus dem antiken und mittelalterlichen Nazaret. Pilger sind dort willkommen, nicht aber die üblichen Touristenscharen, deswegen überlasse ich es dem neugierigen Leser, die genaue Adresse selbst ausfindig zu machen. Ein Kloster wie aus dem Bilderbuch, still, mit einem schönen Kreuzgang, aus dem man über Gänge und Treppen eine großräumige Ausgrabung erreicht, teils Grotte, teils überdachter Raum. Die hier befindliche Grabanlage ist bemerkenswert, der Rollstein davor scheint nur auf einen Ruck zu warten, um den niedrigen Eingang zu verschließen. Das leere Grab und die restlichen Funde – darunter eine gepflasterte Straße, ein kleines Haus und eine Anlage aus vier kleinen Steinbecken – machen einen sehr neugierig. Die ersten Ausgrabungen fanden hier aber schon im 19. Jh. statt, als den sehr begeisterungsfähigen Geistlichen, die daran teilnahmen, noch jedwedes archäologisches Wissen fehlte. Somit sind die Begleitfunde, die eine Datierung und Identifizierung der Hauptfunde erleichtert hätten, leider inzwischen alle verschollen. Dafür hat man aber fast das Gefühl, hier selbst etwas entdeckt zu haben, ein Gefühl, das man in einem wohlbeschrifteten Museum eher vermisst.

Wie kommt man durch das Nadelöhr?

Das Lazarusgrab (s. Bildteil S. 74) liegt heute auf der „falschen" Seite der Trennmauer und dadurch wird die ehemals kurze Fahrt über den Westhang des Ölbergs hinüber auf die Ostseite zu einer komplizierteren Angelegenheit. Vor dem Bau der, man könnte sagen, Jerusalemer Mauer, fanden wir noch ziemlich leicht dorthin. Im Dorf selbst, das nach dem hier zum Leben wieder erweckten Eleasar/Lazarus auf Arabisch al-Azzariyeh heißt, wies ein Schild auf den Eingang zum berühmten Grab hin. Einst Teil einer byzantinischen Kirche, liegt das Grab jetzt an der Dorfstraße, in der Nähe einer Moschee und zweier neuzeitlicher Kirchen. Um die Lichtverhältnisse besorgt, fragten wir im gegenüberliegenden Souvenirladen, ob wir den Strom für unsere Lampen von dort holen dürften – gegen Bezahlung, versteht sich. Der palästinensische Ladeninhaber ließ uns aber als Erstes wissen: „This my church!". Tatsächlich gehörte ihm das Lazarusgrab genauso, wie ihm auch der Souvenirladen gehörte. Seither wissen Dinu und ich immer Bescheid, wenn Äbte, Verwalter oder einfache Wachleute an den verschiedensten heiligen Stätten erst Bares oder zumindest ein Schreiben vom Vorgesetzten aus Jerusalem sehen wollen, bevor sie uns den Zutritt oder das Fotografieren genehmigen: „This my church!".

Davon abgesehen, ist das Heilige Land, über einstweilige Grenzen hinweg, ein außerordentlich dankbares Entdeckungsziel, das selbst an den meistbesuchten Stätten immer noch endlos viele Überraschungen bereithält. Zwischen Andacht und Reiselust findet sich immer Raum für seltsam mehrdeutige oder sinnträchtige Bilder, die man mit dem inneren Auge genauso gut wie mit der Fotokamera festhalten kann, um noch lange nach der Heimkehr davon zu zehren.

Vorne die russische Magdalenenkirche, hinten der Felsendom am Tempelberg – eine Aussicht, die dem Fotografen Flügel verleiht. Diese wird er hier bald auch unbedingt brauchen, wenn die Pinien am Ölberg weiter so wachsen wie in den letzten Jahren.

Erst im letzten Augenblick anzukommen, muss nicht immer schlecht sein: Die letzten Sonnenstrahlen berühren die Fassade der antike Synagoge von Bar'am in Obergaliläa.

Ein Leben in Palästina zwischen Juden und Römern

Historisch-archäologischer Überblick zur Jesuszeit

von Andrea Rottloff

Am Anfang steht die große Frage – was wissen wir über Jesus? Zahllose Bücher haben schon versucht, dem näher zu kommen, ob mit Erfolg, sei dahingestellt. Vieles ist fromme Legende und wird es auch bleiben. Oft wurde versucht, das Geschriebene (= die Bibel und weitere „nichtkanonische" Schriften, die Schriftrollenfunde aus Judäa und Ägypten (Nag Hammadi) etc.) und die archäologischen Funde in Einklang zu bringen, und um nicht wenige Punkte herrscht nach wie vor eine erbitterte Diskussion.

Die Quellenlage.
Zwar sind die Texte der vier Evangelien nicht als historiografische Quelle gemeint, und doch birgt zumindest das Evangelium des Johannes nach neuesten Erkenntnissen an vielen Stellen durchaus korrekte Angaben, sowohl was die Topografie als auch die politischen und religiösen Verhältnisse zur Jesuszeit betrifft. Einige neu ergrabene Orte, besonders im Stadtgebiet von Jerusalem (z.B. die Teiche von Betesda und Siloah, das *praetorium*, der „Richtstuhl" des Pilatus etc.; vgl. Bildteil S. 68, 76), lassen sich genau mit der Beschreibung bei Johannes zur Deckung bringen, der somit offenbar eigene Ortskenntnis oder zumindest Angaben aus zweiter Hand verwendet haben muss (vgl. insbesondere mit dem Lukas-Evangelium, dessen Autor aufgrund von gravierenden Fehlern augenscheinlich nie selbst in Palästina gewesen ist).

Die wichtigste nicht-biblische, literarische Quelle für die „Jesuszeit" sind die Werke des Flavius Josephus. Dieser stammte aus einer Familie von Tempelpriestern in Jerusalem, schloss sich als junger Mann angeblich den Essenern oder einer vergleichbaren asketischen Gruppierung an, agierte dann in Galiläa als von den Rebellen des 1. Jüdischen Aufstands eingesetzter Feldherr gegen Rom und geriet in Kriegsgefangenschaft. Daraufhin vollzog er, um sein Leben zu retten, eine 180°-Drehung: Nun gab er gegenüber den Römern den Propheten, versprach dem Hause des Vespasian die Kaiserwürde und wurde schließlich zum Chronisten von dessen Militärkampagnen und Aufstieg bis hin zum Kaiser. Seine Biografie, die Beschreibung des Jüdischen Krieges und weitere kleinere Schriften sind eine ergiebige, wenn auch nicht immer völlig zuverlässige Quelle für das Leben in Palästina im 1. Jh. n. Chr. Insbesondere auch die Bauten Herodes' des Großen beschreibt er eingehend und bis ins Detail, oftmals bis hin zur Innendekoration.

Antikes Judentum.
Jesus war Jude – dieser oftmals polemisch gegen ihn verwendete historische Tatbestand machte den bedeutungsschwersten Teil seiner historischen Existenz aus. Er wurde als Jude geboren und erzogen und lehrte erst als erwachsener Mann die später als „christlich" verstandene Ethik, aus der dann das Christentum als neue Religion entstand.

Das Judentum in der Antike ist charakterisiert durch einen strengen, oftmals archaisch anmutenden Verhaltenskanon, an den sich die Gläubigen zu halten hatten. Trotzdem gibt es innerhalb dessen, was wir „Judentum" nennen, große Unterschiede und oftmals konträre Meinungen der einzelnen Gruppen. Allgemein wird es durch die genaue Befolgung aller in der Thora (den Fünf Büchern Mose, besonders aber den Zehn Geboten) vorgegebenen Vorschriften charakterisiert, dazu kamen je nach Ausprägung Lehrsätze der Halacha (rechtliche Auslegung der Thora) und rabbinischer Schriften.

Zu den wichtigsten Regeln gehören dabei die Speisegesetze, die den Gläubigen genau vorschreiben, was sie wie essen und trinken dürfen, was also „koscher" ist. Archäologisch am auffälligsten ist dabei, dass in Siedlungen streng gläubiger Juden keine Schweineknochen nachgewiesen werden können, da das Schwein als eines der unreinsten Tiere überhaupt galt. Auch für die Fische, etwa aus dem See Gennesaret, haben diese Speisevorschriften Auswirkungen – nur Fische mit Schuppen sind koscher, alle anderen Arten von Wasserbewohnern wie Muscheln dürfen nicht verzehrt werden.

Um eine ebenfalls koschere Zubereitung der Nahrung zu ermöglichen, benötigte man spezielles Geschirr. Als einziges natürliches Material galt Stein als von Hause aus rein und nicht verunreinigbar, während Metall, Glas und Keramik durch Wasser oder Feuer nach Gebrauch gereinigt werden mussten. Die bekannten jüdischen Steingefäße dienten ebenfalls der Reinheit im Haushalt, vor allem aber waren sie Behälter für „reines" Wasser, etwa zum Händewaschen bei Tisch. Solche Steingefäße waren in jedem streng jüdischen Haushalt der Zeit zwischen Herodes d. Gr. und der Zerstörung des Jerusalemer Tempels durch Titus 70 n. Chr. zu finden (allerdings nicht in der Diaspora).

Doch die Reinheit endet keineswegs bei der Nahrung, sondern beginnt dort erst. Genaue Vorschriften geben die kultische Reinheit der Gläubigen vor, womit nicht die allgemeine Körperhygiene gemeint ist, sondern die Reinheit vor Gott. Jeder Mensch musste sich in bestimmten Abständen (etwa vor Besuch des Jerusalemer Tempels oder aber Frauen nach ihrer Menstruation) rituell reinigen, und zwar in so genannten Ritualbädern (Mikwen mit Zugangstreppen), die bei reicheren Bürgern im eigenen Haus eingerichtet sein konnten, oder aber man benutzte große öffentliche Mikwen wie etwa den Betesda- oder Siloah-Teich in Jerusalem (vgl. Bildteil S. 76). Ansonsten galt jedes „lebendige", also nicht-stehende Gewässer, eben-

Archäologen lauschen den Ausführungen eines Kollegen im Theater von Sepphoris.

Ölmühle und Olivenpresse.

falls als Ersatz für eine Mikwe, so der Fluss Jordan oder auch der See Gennesaret (dies wird als Grund genannt, warum in Kapernaum, das nahe am Ufer des Sees lag, keine Mikwen gefunden wurden, vgl. Bildteil S. 46).

Ebenfalls von Bedeutung war das Bilderverbot, das vorschrieb, keinerlei Lebewesen, ob Mensch oder Tier, in Wandmalereien und Mosaiken bildlich darzustellen. Nur pflanzliche und geometrische Motive waren erlaubt, vgl. z. B. die Dekoration der Herodespaläste wie Masada. Das galt auch speziell für Statuen oder Statuetten und Abbilder auf Münzen. Dass es in diesem Punkt zu Konflikten mit der herrschenden Macht Rom kommen musste, für die bildliche Darstellungen Teil des Alltags waren, versteht sich von selbst. Erst in der Zeit ab dem 2. Jh. n. Chr. und vor allem in der Spätantike wurde dieses Gebot nicht mehr so genau beachtet, daher gibt es sowohl Synagogenmosaiken mit Abbildungen von Menschen und Tieren (z. B. Beit Alfa) als auch figürliche Mosaiken in Privathäusern. Am berühmtesten ist hierbei das „Haus mit dem Nilmosaik" in Sepphoris, wobei sich die Frage stellt, ob sein Besitzer überhaupt Jude war.

Richtungen jüdischen Glaubens.

Das Judentum der Jesuszeit ist darüber hinaus betrachtet überaus vielfältig und in mehrere einander bekämpfende Parteien gespalten. Da Jesus als Wanderprediger und Heiler unterwegs war, kam er mit all diesen Richtungen in Kontakt und wusste, vor wem er sich hüten musste.

Die *Pharisäer* („die Abgeschiedenen") sind die älteste und einflussreichste Gruppierung innerhalb des antiken Judentums. Diese Laienbewegung hielt sich für besonders fromm und gesetzestreu bis hin zu einem Hang zum Fundamentalismus und zur Selbstkasteiung. So wurden sie zu den eigentlichen „Schriftgelehrten", die die rabbinischen Schriften auslegten, etwa in Hinblick auf die Rolle von Gott und Schicksal im Leben des einzelnen Menschen. Sie glaubten an die Unsterblichkeit der Seele und die Möglichkeit ewiger Strafe im Jenseits.

Ihre Basis waren die Fünf Bücher Mose, aber auch weitere alttestamentliche und rabbinische Schriften. Mit ihnen bekam Jesus des Öfteren Probleme, etwa wenn er an einem Sabbat heilte, und sie waren die treibende Kraft hinter seinem Prozess. Während die Pharisäer im 2. und 1. Jh. v. Chr. durch enge Kontakte mit dem damals regierenden hasmonäischen Herrscherhaus auch über politischen Einfluss verfügten, schwand dieser unter Herodes d. Gr. und seinen Nachfolgern wieder. Sie setzten sich für die allgemeinen Belange des jüdischen Volkes ein, ein Thema, das den Saduzzäern nicht besonders am Herzen lag, da diese sich vor allem um die Förderung ihrer eigenen Schicht kümmerten. Dementsprechend hatten die Pharisäer im einfachen Volk deutlich mehr Anhänger. Sowohl Josef von Arimatäa als auch Nikodemus gehörten zu dieser Gruppe, waren aber entgegen der Mehrheit Jesus wohlgesonnen. Josef von Arimatäa stellte schließlich sein eigenes Grab zur Bestattung Jesu zur Verfügung.

Die *Sadduzäer* (die „Gerechten") sind gleichzusetzen mit den meisten Angehörigen der Jerusalemer Oberschicht, dem allerdings nicht sehr einflussreichen Priesteradel, der über viele Jahre hinweg den Hohepriester bestimmte. In ihrer Alltagskultur (vgl. Ausgrabungen im Jüdischen Viertel durch N. Avigad, „Burnt House"/Haus des Kathros) orientierten sie sich stark an Rom und unterschieden sich somit vom „normalen" jüdischen Volk, womit Konfliktpotenzial vorprogrammiert war. Anders als alle anderen jüdischen Richtungen dieser Zeit glaubten die Sadduzäer nicht an ein Wiederauferstehen nach dem Tode oder ein ewiges Leben. Sie glaubten, dass die Menschen allein für ihr Schicksal verantwortlich seien, und richteten sich ausschließlich nach den Fünf Büchern Mose, das heißt, sie erachteten viele, auch alttestamentliche, Schriften für irrelevant, während andere Gruppierungen diese bereits als kanonisch ansahen. Diese Haltung drängte die Sadduzäer an den Rand des antiken Judentums.

Die *Essener*, deren Namensherkunft noch nicht endgültig geklärt werden konnte, waren eine kleinere Gruppierung innerhalb des Judentums zur Zeit des Zweiten Tempels (Josephus spricht von 4000 Mitgliedern). Es handelte sich um eine strenggläubige, asketisch und besitzlos lebende Sekte von unverheirateten Männern (dieser Punkt ist umstritten – manche halten die Ehe allein zur Erzielung von Nachwuchs für notwendig und daher gestattet, vgl. unten). Diese wandten sich in makkabäischer Zeit unter der Leitung des „Lehrers der Gerechtigkeit", einem zurückgetretenen Hohepriester, vor allem gegen die Kommerzialisierung des Tempelkults. Im Jerusalemer Tempel kam es seit Langem in erster Linie auf monetäre Spenden und Opfer an, nicht mehr auf die Frömmigkeit des Einzelnen (vgl. Essay „Historischer oder literarischer Jesus?"). Sie lebten in Weltabgewandtheit und unter Verachtung eines jeden Luxus als Ackerbauern weit außerhalb von Jerusalem, wie aus der „Gemeinschaftsregel" (1QS) zu ersehen ist, die in mehreren Abschriften in den Höhlen bei Qumran gefunden wurde. Eine immer wieder postulierte Nähe bzw. Zugehörigkeit Jesu und/oder Johannes des Täufers zu den Essenern bleibt unklar. Sicherlich herrschte eine gewisse gedankliche Nähe, ohne dass man daraus eine sichere Mitgliedschaft herleiten könnte.

Bis vor Kurzem war man davon überzeugt, in der Siedlung von Qumran (vgl. Bildteil S. 66) die zentrale „Klosteranlage" der Essener sehen zu können, in der zwar das Gemeinschaftsleben stattfand, aber nicht gewohnt wurde. Die „Mönche" hätten stattdessen in denjenigen „Wohnhöhlen" gelebt, in denen auch ab 1947 die berühmten Schriftrollen gefunden wurden (die wiederum im „Skriptorium" des Klosters hergestellt bzw. kopiert worden wären). Außerdem habe es andernorts zahlreiche weitere kleine Gruppen von Essenern gegeben, u. a. bei Jerusalem, aber auch in anderen Orten Judäas. Doch leider ist dieses – durchaus ansprechende – Bild mehrheitlich der Fantasie des Ausgräbers, des französischen Dominikanerpaters Roland de Vaux entsprungen, der nur diejenigen Grabungsergebnisse in seinem Sinne interpretierte, die in sein von durch europäisch-mittelalterliche Vorbilder beeinflusstes Bild einer Mönchsgemeinschaft passten. Andere Funde und Befunde aus den 1950er-Jahren blieben dagegen bis

Wellen auf dem See Gennesaret bei Ein Gev.

Spätantikes Mosaik in Tabgha.

heute unveröffentlicht und verzerren das Bild zwangsläufig. Aus heutiger Sicht, unter Auswertung aller alten und neuen Befunde und Funde, scheint die Siedlung von Qumran „nur" eine normale landwirtschaftliche Anlage gewesen zu sein, für die eine Verbindung zu den Essenern nur bedingt herzustellen ist.

Weiterhin ungeklärt ist die Frage nach der möglichen Anwesenheit von Frauen und Kindern unter den Essenern. Einzelne anthropologische Belege aus den Randbereichen des Gräberfeldes von Qumran sind in ihrer Datierung umstritten. Doch das eigentliche Problem ist der bei einer Gesamtzahl von bis zu 1200 Gräbern winzige Anteil von maximal 50 bisher ergrabenen und ausgewerteten Bestattungen. Es ist also in diesem Fall angeraten, unbedingt auf eine durch neue Ausgrabungen vergrößerte Materialbasis zu warten, anstatt sich in ideologischen Diskussionen zu verlieren.

Die *Zeloten* („Eiferer") oder *Sikarier* („Dolchmänner") waren eine streng gesetzestreue jüdische Splittergruppe der Pharisäer, die im Gegensatz zu allen vorher besprochenen auch gewaltsame Aktionen als Widerstand gegen die Vormachtstellung Roms gelten ließen und durch eine Art Guerillakrieg die Römer unablässig provozierten. Besonders verhasst war ihnen die Tatsache, dass sie Rom Steuern zahlen mussten, was alle anderen Gruppen notgedrungen akzeptiert hatten. Eine der Kernregionen der Zeloten war das nördliche Galiläa und der Golan – aus Gamla (s. Bildteil S. 58) stammten vermutlich zwei ihrer berühmtesten Anführer. Auch unter den Jüngern Jesu befand sich ein Zelot mit Namen Simon. Der fanatische Kleinkrieg der Zeloten gegen Rom führte schließlich im späteren 1. und frühen 2. Jh. n. Chr. zu den beiden großen jüdischen Aufständen, die in der Zerstörung des Jerusalemer Tempels und der Ausweisung aller Juden aus der Heiligen Stadt unter Kaiser Hadrian gipfelten.

All diese jüdischen Strömungen waren zur Zeit des Zweiten Tempels eingebettet in ein Umfeld aus hellenistisch-römischem Heidentum (inklusive der Interpretation einheimischer Gottheiten in griechisch-römischem Sinne), das mehr oder weniger deutlich hervortrat. Besonders die Städte an der syrisch-phönizischen Küste sowie diejenigen des Dekapolis-Bundes im Landesinneren waren mehrheitlich heidnisch geprägt. Das „Heidentum" war so allgegenwärtig, dass es einem Mann wie Jesus schwergefallen wäre, es komplett zu „meiden", wie einige Theologen immer wieder mutmaßen.

Die politischen Gegebenheiten – Hasmonäer, Herodianer und Römer.

Seit der Mitte des 2. Jh. v. Chr. herrschten in Palästina die Hasmonäer, ein jüdisches Fürstengeschlecht, das aus den Wirren des Makkabäeraufstandes gegen die Vorherrschaft der Seleukiden seinen Nutzen gezogen und sich als Herrscher etabliert hatte. Sie waren zugleich weltliche Herrscher als auch Hohepriester, also eine Art von Priesterkönigen. Nach dem Tod der Fürstin Salome Alexandra 67 v. Chr. kämpften ihre beiden Söhne Aristobul II. und Johannes Hyrkanus II. um den Thron. Da sie als Frau nicht Hohepriester hatte werden dürfen, war dieses Amt schon zuvor an den älteren Sohn Hyrkanus übergegangen, der sich der Unterstützung der Pharisäer sicher sein konnte. Sein Bruder Aristobul stachelte daraufhin die Saduzzäer und andere Regierungskritiker auf, seinen Bruder zu stürzen und ihn statt seiner zum Hohepriester zu ernennen. Zudem eroberte er einige strategisch wichtige Orte und Hyrkanus gab – zumindest vorläufig – nach.

Im Gegenzug suchte Hyrkanus Verbündete, die er in den Nabatäern und Idumäern fand, darunter den idumäischen Feldherrn Antipater, den Vater des späteren Königs Herodes d. Gr. Der mittlerweile in Jerusalem vom Heer seines Bruders belagerte Aristobul dagegen bat Rom um Hilfe – ein schwerwiegender Fehler, wie sich herausstellen sollte, denn statt einer Partei das Vorrecht zuzusprechen, tat Rom, was es meistens tat: Es schickte Militär. Da die Ostgrenze des Römischen Reiches permanent von den Parthern bedroht wurde, wollten die Römer nicht auch noch einen endlosen Bürgerkrieg im angrenzenden Judäa riskieren. Daher gab der für den Osten des Reiches zuständige Feldherr Pompeius Magnus keiner der Parteien recht, sondern setzte Hyrkanus allein als Hohepriester wieder ein, während die politische Macht an Rom überging. Judäa wurde so zum von Rom abhängigen, dem Statthalter der Provinz Syria unterstellten Klientelfürstentum. Um eine endgültige Entscheidung herbeizuführen, zog Pompeius 63 v. Chr. mit seinen Legionen nach Süden vor Jerusalem, das er nach dreimonatiger Belagerung einnehmen konnte. Die Ruhe schien wiederhergestellt, bis sich der unterlegene Aristobul mit den Parthern verbündete.

Nach einigen weiteren konfliktvollen Jahren erschien im Jahr 40 v. Chr. wieder ein starker jüdischer Herrscher auf der politischen Bühne: Herodes d. Gr. Aber war Herodes wirklich Jude? Er war Sohn des bereits erwähnten Antipater, des idumäischen Feldherrn im Dienste des Hyrkanus II., und einer nabatäischen Mutter. Obwohl zu dieser Zeit die jüdische Identität noch nicht allein auf die Abstammung von einer jüdischen Mutter festgeschrieben war, haftete Herodes Zeiten seines Lebens der Makel an, kein „vollwertiger" Jude zu sein. Dies führte schließlich zu seinem in den letzten Lebensjahren sprichwörtlich mörderischen Verfolgungswahn, dem nicht nur viele seiner nächsten Angehörigen zum Opfer fielen. Dazu kam, dass viele Juden ihm übel nahmen, zu 100 Prozent auf der Seite der Römer zu stehen, für die er der einzige annehmbare und vom Senat bestätigte Thronprätendent war. Musste er in seinen frühen Jahren noch gegen Aristobul kämpfen und dabei sogar kurzzeitig aus Jerusalem fliehen, konnte Herodes insbesondere Dank der römischen Unterstützung von Seiten Mark Antons und später Oktavians (ein auf bemerkenswerte Weise geglückter Loyalitätswechsel!) für mehr als 30 Jahre in Judäa herrschen. Dass er dem jüdischen Volk währenddessen so manche Wohltat erwies, sollte jedoch nicht von allen anerkannt werden.

Neben seinem gigantischen Bauprogramm in der Imitation Roms, über das im Bildteil dieses Bandes noch ausführlich zu berichten sein wird, ist Herodes d. Gr. vor allem durch sein ausuferndes Privatleben in die Geschichte eingegangen. Er hatte 10 Frauen und von diesen unzählige Kinder, wodurch Thronstreitigkeiten und Intrigen schon Jahre vor dem zu erwarten-

Bronzene Räucherschaufel aus Betsaida.

Ruinen in Qumran.

den Tod des Herrschers ihren Lauf nahmen. So verwundert es nicht, dass er im Laufe der Zeit den Überblick verlor, von allen Seiten – wirklichen oder eingebildeten – Verrat witterte und schließlich in den Wahnsinn abglitt. Seine zahllosen Hinrichtungsbefehle selbst gegen die eigenen Söhne ließ die Liste möglicher Nachfolger bald merklich ausdünnen.

So traut man Herodes auch die Untat zu, die ihn zum personifizierten Bösen in der Geschichte werden ließ: den Betlehemlnischen Kindermord. Als die drei (medischen?) Weisen ihm von der Geburt des neuen Königs der Juden berichteten, nämlich Jesus, ließ er angeblich alle Knaben bis zu zwei Jahren aus Betlehem und Umgebung töten. Zwar gibt es keine historischen Belege für diesen Massenmord (Josephus erwähnt ihn nicht!), er passt aber sehr gut zu allem, was wir aus den Quellen über Herodes erfahren. Wenn es also nicht wahr ist, ist es zumindest gut erfunden (vgl. aber Essay „Historischer oder literarischer Jesus?").

Als Herodes 4 v. Chr. schließlich verstarb, wurde sein Reich unter drei seiner überlebenden Söhne, Archelaos, Antipas und Philippus, aufgeteilt, deren Herrschaft von Rom bestätigt wurde. Während Ersterer nach nur wenigen Jahren seiner Herrschaft Judäa und Samaria wieder verlor und von Rom in die Verbannung geschickt wurde (sein Territorium wurde der *provincia Syria* zugeschlagen), konnten die beiden anderen um die 40 Jahre lang regieren. Im Zusammenhang mit Jesus interessiert uns dabei vor allem Antipas, der sich schon bald den Namen seines Vaters als Beinamen zugelegt hatte. Ihm unterstanden Galiläa und Peräa und somit auch die Heimat Jesu. Auch Herodes Antipas war wie sein Vater überaus romtreu, was in der Gründung der um 20 n. Chr. errichteten neuen galiläischen Hauptstadt Tiberias, benannt nach dem regierenden Kaiser, gipfelte (s. Bildteil S. 28, vgl. Essay „Historischer oder literarischer Jesus?"). Sowohl Jesus als auch der von Antipas 28/29 n. Chr. hingerichtete Johannes der Täufer hatten sehr schnell die Aufmerksamkeit des Fürsten auf sich gelenkt und wurden mit dem Tode bedroht. Dies könnte der Grund für Jesu häufige Reisen nach Phönizien sein, in die Gaulanitis, das Reich des dritten Herodessohnes Philippus, und ins Gebiet der unter syrischer Oberhoheit stehenden Dekapolis, wo ihm Antipas nicht nachstellen konnte.

Eine weitere, für die Geschichte des Jesus von Nazaret entscheidende politische Figur ist der römische Präfekt Pontius Pilatus, der uns anlässlich der bei seinem Amtsantritt 26 n. Chr. ausgebrochenen Unruhen um die mit Tierbildern verzierten römischen Standarten in Jerusalem erstmals vor Augen tritt (geschildert von Josephus, vgl. Essay „Historischer oder literarischer Jesus?"). Im Gegensatz zu seinen Vorgängern ließ er diese Bildnisse nicht entfernen, sondern brachte die Standarten bei Nacht in die Stadt, was trotzdem großen Protest unter den Juden auslöste. Pilatus lenkte ein, allerdings erst nachdem er die Protestierer mit dem Tode bedroht hatte. So wie hier wird er auch in der Bibel als vergleichsweise sanftmütig und gerecht präsentiert (er hört sogar auf seine Ehefrau!), als Mann, der Jesus nicht verurteilen will, um nicht in den innerjüdischen Streit hineingezogen zu werden. Doch die sonstigen Quellen sprechen eine andere Sprache und lassen Pilatus als typischen, brutalen römischen Offizier erscheinen.

Pilatus stammte aus dem Ritterstand, vielleicht aus Samnium, und durchlief den üblichen römischen *cursus honorum*, die Beamtenkarriere, die einem jeden Kandidaten turnusmäßig im ganzen Reich Aufgaben zuwies. Seine verhältnismäßig lange Dienstzeit von 10 Jahren wird oft als Argument für seine „gute Regierung" angeführt – aber sein Vorgänger Valerius Gratus diente noch ein Jahr länger und auch sonst sind Amtszeiten von um die 10 Jahre keine Seltenheit. Oft unterstellt man Pilatus eine antijüdische Haltung, was aber an der vergleichsweise einseitigen Schilderung des Flavius Josephus liegen kann. Schließlich passt alles, was bekannt ist, ins übliche Bild des Umgangs der Römer mit unterworfenen Provinzen – ob nun an Rhein und Donau oder eben am Jordan. Jedenfalls wurde Pilatus im Jahr 36 n. Chr. wegen seines brutalen Einschreitens gegen rebellische Samaritaner am Berg Garizim abberufen und möglicherweise in die Verbannung geschickt, worauf sein weiteres Schicksal unbekannt bleibt. Festzuhalten ist Folgendes: Der Prozess gegen Jesus von Nazaret war aus römischer Sicht jedenfalls nur eine unbedeutende Episode in diesen 10 Jahren.

Lange herrschte Unklarheit über den genauen Rang des Pilatus, was noch durch die verwirrenden Bibelüberlieferungen und deren Übersetzungen gesteigert wurde. Dort wird er beispielsweise als Statthalter oder Landpfleger bezeichnet, während andere ihn als vollkommen ahistorisch einstuften. Klarheit schuf erst der Fund des sog. Pilatussteins in Caesarea Maritima im Jahre 1961 (vgl. auch Bildteil S. 24). Damals fand sich der in der Spätantike wiederverwendete Kalksteinblock in den Umbauschichten des herodianischen Theaters. Er trägt eine Weiheinschrift des „*praefectus* Pontius Pilatus", der den „Tiberieum" genannten Leuchtturm am Hafen Caesareas erneuern ließ. Somit war Pilatus *praefectus* und noch nicht Prokurator, wie es ab der Jahrhundertmitte (44 n. Chr.) üblich wurde.

Der Rang eines *praefectus* aber bedeutete, dass Pilatus gegenüber dem Statthalter der übergeordneten Provinz Syria weisungsgebunden war. Auch konnte er im Zweifelsfall abgesetzt oder nach Rom zurückberufen werden, was schließlich 36 n. Chr. tatsächlich geschah. Der Hintergrund für dieses politische Konstrukt war folgender: Die syrische Provinzhauptstadt Antiochia war für alltägliche Belange zu weit entfernt, man brauchte eine Machtbasis vor Ort, an die man delegieren konnte. Dies war Caesarea Maritima, das Jerusalem als langjährige Hauptstadt ablöste. Zu bestimmten Anlässen reiste der Präfekt Pilatus dann nach Jerusalem oder an andere Orte seines Einflussbereiches, wie eben anlässlich des denkwürdigen Pessachfestes des Jahres 30 n. Chr., als Pilatus in einem „Majestätsverbrechen" über einen selbst ernannten „König der Juden" zu urteilen hatte. Schließlich war die niedere Gerichtsbarkeit in den Händen des Sanhedrin verblieben, während die Kapitalgerichtsbarkeit allein in die Zuständigkeit Roms fiel – wie übrigens in den meisten anderen römischen Provinzen, denn Judäa war auch hier keine Ausnahme. So wurde Jesus vor Pilatus geführt, der ihn verurteilte, obwohl er angeblich keine Schuld in ihm erkennen konnte. Der Rest ist Geschichte.

Blick vom Herodion auf das Untere Herodion.

Kreuzfahrerzeitlicher Bogen in Caesarea Maritima.

Pilatusstein aus Caesarea Maritima.

Historischer oder literarischer Jesus?

von Wolfgang Zwickel

Die Person Jesus von Nazaret hat seine Faszination auch rund 2000 Jahre nach seinem Auftreten noch nicht verloren. Selbst unreligiöse Menschen sind oft von Jesus und seiner Lehre beeindruckt, die er konsequent verfolgte und die ihn schließlich bis in den Tod führte. Neben den vier Evangelien im Neuen Testament, die mit je eigenen Worten sein Leben wiedergeben, gibt es weitere antike christliche Überlieferungen, die sich mit der Person Jesus von Nazaret beschäftigen. Diese nicht ins Neue Testament aufgenommenen Evangelien stammen aus der Zeit des 2. und 3. Jhs. n. Chr. und können kaum Anspruch auf eine historisch verlässliche Überlieferung erheben. Aber auch die vier Evangelien des Neuen Testamentes wurden nicht zu Lebzeiten Jesu verfasst, sondern in einem Abstand von 40–70 Jahren nach seinem Tod. Dieser Sachverhalt allein macht schon deutlich, dass die Erinnerung hier manches verändert und verfälscht haben könnte. Zu sehr wurden in diesem Zeitraum die Geschehnisse um Jesus herum unter dem Blickpunkt der Predigt und damit der Verkündigung für die Christen gesehen. Zudem waren die Evangelisten selbst wohl kaum Augenzeugen der in den Evangelien überlieferten Ereignisse. Für die Geburt Jesu, aber auch für manche Wundergeschichten ist dies sogar zweifelsfrei auszuschließen. Vielmehr handelte es sich um mündliche Überlieferungen von Episoden aus dem Leben Jesu, die dann eine Generation nach seinem Tod verschriftlicht wurden. Dabei ging es den christlichen Autoren um die Wiedergabe wesentlicher Elemente der Verkündigung Jesu, die in einen frei erfundenen chronologischen Rahmen eingebettet wurde.

Vergleicht man die in den Evangelien geschilderten Abläufe, wird dies schnell deutlich. Von der ein- oder dreijährigen Wirktätigkeit Jesu sind nur einige Tage festgehalten und diese werden oft mit Ereignissen überladen. Jeder der Evangelisten setzt zudem andere inhaltliche Schwerpunkte in seiner Darstellung und erzeugt damit auch eine andere Chronologie der Ereignisse. So widmet das 16 Kapitel umfassende Markus-Evangelium gerade einmal 6½ Kapitel dem Wirken Jesu in Galiläa. Es folgen 3½ Kapitel der Geschehnisse außerhalb Galiläas und 6 Kapitel über den Aufenthalt in Jerusalem. Hier stehen die wenigen Tage Jesu in Jerusalem stärker im Mittelpunkt als in den anderen Evangelien. Die Bergpredigt (Mt 5–7) stellt beispielsweise eine Sammlung von Jesus-Worten dar, die in dieser Zusammenstellung sicher nie an einem Stück gehalten wurde. Vielmehr wurden hier einzelne überlieferte Aussprüche zusammengestellt, aus denen eine zusammenhängende Rede gestaltet wurde. Wie sehr die Evangelisten bei dieser Gestaltung der Jesus-Worte in den Wortlaut eingegriffen haben, macht ein Vergleich etwa der Seligpreisungen bei Mt 5,3–12 mit dem Paralleltext Lk 6,20–23 hinlänglich deutlich (s. Tabelle S. 12).

Matthäus hat den älteren Traditionstext, der im Lukasevangelium aufgenommen wurde, „spiritualisiert". Aus den Armen der Gesellschaft wurden die geistlich Armen, aus den Hungernden wurden diejenigen, die nach Gerechtigkeit hungern. Aus der materiellen Not wurde die geistliche Not. Der Hintergrund dafür dürfte sein, dass sich die Adressaten und deren wirtschaftliche Situation schlichtweg geändert hatten. Matthäus hatte offenbar im Gegensatz zu Lukas Adressaten seines Werkes vor Augen, für die es keine wirtschaftliche Not mehr gab. Die Worte Jesu sollten aber weiterhin Gültigkeit behalten und wurden so von Matthäus im Hinblick auf die neue gesellschaftliche Stellung seiner Leserschaft umgedeutet.

Schon im 19. Jh. galt es als unbestritten, dass sich aus den Evangelien kein Ablauf des Lebens Jesu rekonstruieren lässt. Die biographischen Daten sind nicht ausreichend gesichert, die Darstellung in den einzelnen Evangelien ist zu sehr vom inhaltlichen und theologischen Interesse der einzelnen Evangelisten beeinflusst. Andererseits haben wir inzwischen dank der archäologischen Forschung viele wichtige Daten erhalten, die den Hintergrund der Evangelien und damit letztlich auch den Hintergrund des Lebens Jesu vermitteln können. Ausgrabungen, Münzfunde, aber auch viele Kleinfunde ermöglichen eine neue Rekonstruktion der Zeitgeschichte Jesu und der sozialen Verhältnisse im antiken Judäa. Aufgrund dieser Fakten lässt sich zwar kein Lebenslauf Jesu schreiben, aber wir können sein Leben im Kontext der Zeit, in der er gelebt hat, besser verstehen.

Die Historizität der Person Jesus an sich gilt heute als unbestritten. Der jüdische Historiker Flavius Josephus erwähnt einen Mann namens Jesus und auch römische Autoren aus dem frühen 2. Jh. n. Chr. (Sueton, Tacitus, Plinius der Jüngere) kennen diesen. Es ist auch schwer vorstellbar, dass eine so breite und nachhaltige Bewegung wie die seine sich ohne historische Grundlagen entwickelt haben könnte.

Betlehem oder Nazaret – zur Geburt Jesu.

Schon bei der Geburtsgeschichte gibt es in den Evangelien erhebliche Unterschiede. Das älteste Evangelium, das Markusevangelium, bietet überhaupt keine Darstellung der Geburt Jesu, sondern beginnt mit seiner Taufe und der Berufung der Jünger. Das Johannesevangelium als das jüngste Evangelium beginnt mit einem theologischen Prolog („Am Anfang war das Wort, und das Wort war bei Gott, und Gott war das Wort"). Nur das Matthäus- und das Lukasevangelium thematisieren die Geburt Jesu. Die Geburts- und Jugendzeit historischer Persönlichkeiten ist meist nicht von großem Interesse und wird allenfalls in der Rückschau bedeutsam, um die Person stilisieren oder heroisieren zu können.

Grundriss des Ortes Kapernaum.

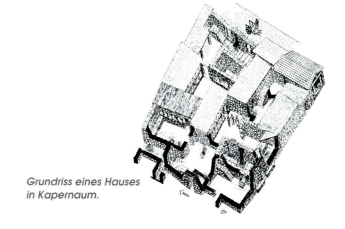

Grundriss eines Hauses in Kapernaum.

Matthäus 5,1–12	Lukas 6,20–23
3 Selig sind, die da geistlich arm sind; denn ihrer ist das Himmelreich.	20 … Selig seid ihr Armen; denn das Reich Gottes ist euer.
4 Selig sind, die da Leid tragen; denn sie sollen getröstet werden.	21b Selig seid ihr, die ihr jetzt weint; denn ihr werdet lachen.
5 Selig sind die Sanftmütigen; denn sie werden das Erdreich besitzen.	
6 Selig sind, die da hungert und dürstet nach der Gerechtigkeit; denn sie sollen satt werden.	21a Selig seid ihr, die ihr jetzt hungert; denn ihr sollt satt werden.
7 Selig sind die Barmherzigen; denn sie werden Barmherzigkeit erlangen.	
8 Selig sind, die reinen Herzens sind; denn sie werden Gott schauen.	
9 Selig sind die Friedfertigen; denn sie werden Gottes Kinder heißen.	
10 Selig sind, die um der Gerechtigkeit willen verfolgt werden; denn ihrer ist das Himmelreich.	
11 Selig seid ihr, wenn euch die Menschen um meinetwillen schmähen und verfolgen und reden allerlei Übles gegen euch, wenn sie damit lügen.	22 Selig seid ihr, wenn euch die Menschen hassen und euch ausstoßen und schmähen und verwerfen euren Namen als böse um des Menschensohnes willen.
12 Seid fröhlich und getrost; es wird euch im Himmel reichlich belohnt werden. Denn ebenso haben sie verfolgt die Propheten, die vor euch gewesen sind.	23 Freut euch an jenem Tage und springt vor Freude; denn siehe, euer Lohn ist groß im Himmel. Denn das Gleiche haben ihre Väter den Propheten getan.

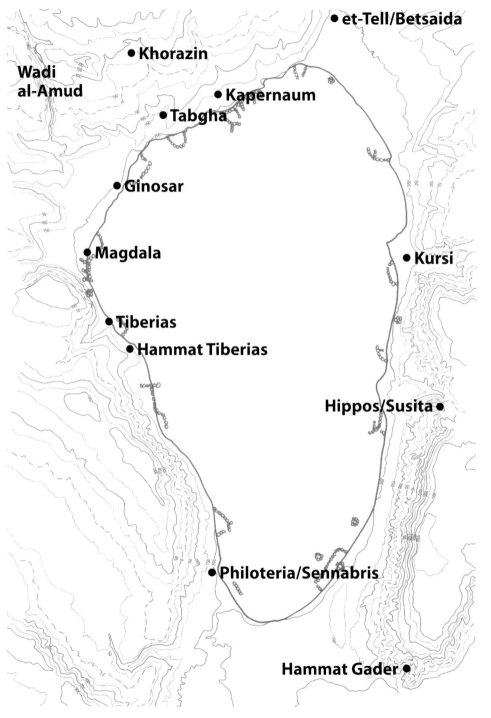

Karte des Sees Gennesaret mit umliegenden Ortschaften zur Zeit des Neuen Testamentes.

Die Geburtserzählungen der beiden Evangelien unterscheiden sich elementar und sind nicht zu vereinheitlichen. Das Matthäusevangelium legt Wert darauf, dass Jesus in Betlehem geboren wird, damit die alttestamentliche Verheißung in Micha 5,1, wonach von dort der neue Herrscher kommen wird, erfüllt wird. Betlehem ist der Geburtsort Davids und damit der Herkunftsort der Herrscherdynastie, die von etwa 1000 v. Chr. bis zum babylonischen Exil 587 v. Chr. den König stellte. Noch zu Lebzeiten Jesu bestand die Hoffnung, dass aus dem davidischen Geschlecht ein neuer Herrscher auferstehen und die Macht an sich reißen werde, damit Israel wieder ein freies und von den Römern unabhängiges Volk werde. Für das Matthäusevangelium hatte die Geburt eines Herrschers aus davidischem Geschlecht logischerweise die Ablösung des amtierenden Herrschers zur Folge – und damit wurde die Geburt Jesu zu einem hochpolitischen Geschehen. Zu dieser Zeit regierte nach der Chronologie des Matthäus (vgl. Mt 2,1) Herodes d. Gr., der von 37–4 v. Chr. herrschte. Herodes war nicht aus davidischem Geschlecht, sondern ein von den Römern gestützter Emporkömmling, dessen Vorfahren Idumäer waren, ein Stamm, der südlich von Judäa siedelte. Die Geschichte vom Kindermord in Betlehem ist zwar eine Legende, für die es keinerlei historische Quellen gibt. Doch führte Herodes – wie auch andere Herrscher jener Zeit – ein grausames Regime, dem viele seiner Familienmitglieder zum Opfer fielen. Vor diesem Hintergrund konnte Matthäus eine Geschichte entwerfen, in der Herodes versuchen wollte, Jesus als den zukünftigen Konkurrenten um seinen Thron schon in Kindesjahren zu töten.

Im Lukasevangelium (Lk 2,1–20) wird die Geburt Jesu in die Zeit des römischen Kaisers Augustus, genauer in die Zeit des syrischen Statthalters Publius Sulpicius Quirinius (ca. 45 v. – 21 n. Chr.) datiert, der nach der Verbannung des Herodessohnes Archelaus im Jahre 6 n. Chr. die Kontrolle über die Gebiete Judäa, Samaria und Idumäa übernahm. Die Verwaltung dieser Gebiete unterstand ab dieser Zeit einem in Caesarea residierenden Prokurator. Um die Einwohnerzahl dieser neuen Provinz bestimmen zu können, wurde eine Volkszählung durchgeführt, die in Lk 2,1 vorausgesetzt wird. Die Geburt Jesu fand nach dem Lukasevangelium somit um 6 n. Chr. statt, während im Matthäusevangelium ein Zeitpunkt vor 4 v. Chr. angesetzt wird. Bei Matthäus sind Jesu Eltern offenbar in Betlehem ansässig und suchen erst später ihre neue Heimat in Nazaret (Mt 2,23), bei Lukas stammen die Eltern Jesu aus Nazaret und begeben sich zur Volkszählung nach Betlehem. Auch für Lukas ist die Geburt Jesu in Betlehem von Bedeutung. Aber nicht der aktuelle irdische Herrscher, der sich durch diese gefährdet sieht, wird zum Mitprotagonisten, sondern die Hirten, die in der damaligen Gesellschaft zu den Ärmsten gehörten, erleben in besonderer Weise die Geburt dieses Kindes.

Letztendlich kann aus historischer Sicht nur festgehalten werden: Über die genauen Umstände und den Zeitpunkt der Geburt Jesu sind wir nicht informiert. Beide Evangelisten verstehen Jesus als einen Davididen, der – zur Erfüllung der biblischen Verheißung – in Betlehem geboren sein muss. Historisch wahrscheinlicher ist jedoch, dass Jesus aus Nazaret stammt.

Nazaret war um die Zeitenwende eine ärmliche Siedlung (s. Bildteil S. 18). An dem Ausspruch der Zeitgenossen Jesu „Was kann aus Nazaret Gutes kommen?" (Joh 1,46) kann man noch die Zurückhaltung gegenüber diesem unbedeutenden Ort in Galiläa erkennen. Ausgrabungen haben außerdem gezeigt, dass es dort neben einzelnen Häusern vor allem Wohnhöhlen gab. Wahrscheinlich lebten hier auch einige Handwerker, die am Aufbau der ca. 5 km entfernten Siedlung Sepphoris beteiligt waren. Zu ihnen könnte auch Josef, der Vater von Jesus, gehört haben, der nach Mt 13,55 und Mk 6,3 ein Bauhandwerker und Zimmermann war. Als 20 n. Chr. das unlängst gegründete Tiberias die neue Hauptstadt von Galiläa wurde, gab es dort reichlich Bedarf an Handwerkern. Hier entstanden ein Theater und eine hellenistisch-römisch ausgerichtete Stadtanlage. So sollte Tiberias schon bald Sepphoris den Rang als wichtigste hellenistische Stadt in Galiläa abnehmen (s. Bildteil S. 54). Daher ist es auch nicht verwunderlich, dass Jesus sich eine neue Heimat am See Gennesaret suchte. Sein neuer Heimatort Kapernaum lag 15 km von Tiberias entfernt, wo Jesus vielleicht als Zimmermann arbeitete. Damals war es üblich, dass der Sohn den Beruf des Vaters übernahm, der ihn auch ausbildete.

Der See Gennesaret in der Zeit des Neuen Testaments.

Kapernaum (s. Bildteil S. 46–49) gehörte zu einer ganzen Reihe von Fischersiedlungen, die seit dem 1. Jh. v. Chr. um den See Gennesaret herum meist von einfachen Leuten, die vom Fischfang lebten, gegründet wurden. Bis dahin wurde Fischfang hauptsächlich zum Eigenbedarf betrieben, nun entstand dort eine intensive Fischwirtschaft. Der bis dahin wirtschaftlich eher abgelegene See wurde dadurch zu einem blühenden Wirtschaftszentrum. Für den Fischfang mussten vermutlich sogar Bootswerften gebaut werden, die bislang allerdings noch nicht nachgewiesen werden konnten.

In Magdala, der Heimatstadt der Maria Magdalena, entstand das neue Pökelzentrum, das mit Salz vom Toten Meer versorgt wurde. Die getrockneten Fische wurden von hier aus ins ganze Land verkauft. Auch wenn Kapernaum der mit Abstand wichtigste und größte Hafen am See Gennesaret war, zeigt die bisher ausgegrabene Architektur deutlich, dass der Fischfang nicht zu großem Reichtum führte. Tiberias und in geringerem Maße auch Magdala weisen prächtige Bauten auf, in Kapernaum gibt es dagegen hauptsächlich einfache Wohnviertel, in denen Großfamilien zusammenwohnten. Prachtbauten aus dem 1. Jh. n. Chr. fehlen hier jedoch völlig.

Und auch der Ackerbau im Bereich des Sees gestaltete sich schwieriger als in anderen Regionen des Landes. Rund um den See herum gab es kaum größere Ackerflächen und der Felsboden liegt bis heute oft nur wenige Zentimeter unter der Ackerkrume. Die ertragreicheren Äcker auf dem Golan oder in Untergaliläa hingegen lagen meist in den Händen von Großgrundbesitzern. Diese heuerten Tagelöhner für die dort anfallenden Arbeiten an, sodass kaum eine sichere Einnahmequelle für die Menschen der Region um den See Gennesaret existierte.

Das Leben war für die meisten Menschen sehr hart und beschwerlich. Der wirtschaftliche Aufschwung um die Zeitenwende war zumindest in Kapernaum kaum zu spüren.

Ein politisch-kultureller Schmelztiegel (s. auch Karte S. 3).

Außerdem war der See Gennesaret zur Zeit Jesu ein Dreiländereck mit ganz unterschiedlichen kulturellen Einflüssen. Der Bereich westlich des Jordans gehörte zum Territorium des Herodes Antipas, einem politisch durchaus geschickten jüdischen Führer. Der Bereich im Nordosten des Sees unterstand seinem Bruder Philippus. Während das Territorium des Herodes Antipas stärker am Jerusalemer Judentum ausgerichtet gewesen zu sein scheint, war Philippus eher der römischen Kultur zugetan. So ließ Philippus Münzen prägen, auf denen der Kopf des römischen Kaisers Augustus zu sehen war – in einem traditionell jüdischen Umfeld wäre dies sicherlich ein Skandal gewesen. Auch wurde Augustus in Caesarea Philippi/Banyas/Paneas ein Heiligtum geweiht, in einem von jüdischen Traditionen zutiefst durchdrungenen Territorium gleichfalls unvorstellbar. Trotz der Offenheit gegenüber der hellenistisch-römischen Kultur gab es auch im Gebiet des Philippus Ortschaften mit ultrastreng ausgerichteten Juden wie z. B. in Gamla (s. Bildteil S. 58).

Im Südosten des Sees Gennesaret spielte schließlich noch eine dritte politische Macht eine bedeutende Rolle: die Dekapolis. Dieser Städtebund, der das heutige Südsyrien und nördliche Jordanien, aber auch die im Westjordanland gelegene Stadt Bet-Schean/Skythopolis umfasste, besaß eine weitgehende kulturelle und politische Selbstständigkeit. Die Stadtarchitektur und die Münzprägungen zeigen deutlich, dass in diesem Territorium die Hellenisierung sehr viel weiter vorangeschritten war als westlich des Jordans. Beispielsweise finden sich auf Münzen zahlreiche alte kanaanäische Gottheiten in römischer Gestalt; der alte traditionelle Glaube wurde dort mit den modernen religiösen Strömungen verbunden.

Das Dreiländereck zog es aber nach sich, dass auch der Zoll am See Gennesaret eine bedeutende Rolle spielte. Wechselte man von einem Gebiet zum nächsten, musste man für die Waren, die man mitbrachte, Zoll bezahlen. Die Zöllner galten als Ausbeuter, da sie zwar eine festgesetzte Pacht an den römischen Statthalter zu zahlen hatten, die Zölle aber frei bestimmen konnten. Von den Juden wurden sie deswegen verachtet. Ebenso wie den Armen der damaligen Gesellschaft wendete sich Jesus auch ihnen ganz besonders zu (z. B. Mk 2,14–17; Lk 19,1–10) – was für das Ansehen Jesu in der restlichen Bevölkerung und insbesondere unter den frommen Juden nicht unbedingt förderlich war. Sein Engagement aber galt denen, die wirtschaftlich oder gesellschaftlich am Rande der Gesellschaft standen. Auch und gerade sie gehörten für ihn zum Reich Gottes. Damit stellte sich Jesus aber auch bewusst gegen die religiöse Elite seiner Zeit.

Der See Gennesaret war demnach nicht nur politisch, sondern auch hinsichtlich der kulturellen Ausprägungen dreigeteilt. Die Menschen dort waren vielfältigen Einflüssen ausgesetzt – von extrem fromm bis extrem liberal. Und Jerusalem, das Zentrum des jüdischen Glaubens, war weit entfernt. Das Judentum, das hier am See Gennesaret gepflegt wurde, unterschied sich von dem Judentum in Jerusalem mit Sicherheit erheblich. Hier herrschte der Pragmatismus, in Jerusalem eher die Dogmatik.

Das römische Militär.

In diesem Kampf der Religionskulturen und politischen Mächte war auch eine vierte Größe von Bedeutung in Judäa: das römische Militär. Zwar waren in Galiläa nur kleine Kontingente zur Aufrechterhaltung der Ordnung stationiert. Doch stellten diese ein starkes Konfliktpotenzial dar. Denn es herrschten große Verständigungsschwierigkeiten zwischen den römischen Prokuratoren mit ihrer westlich geprägten Bildung und Ausbildung und den kulturell völlig anders ausgerichteten Judäern. Zum Beispiel besaß die Legio X Fretensis anfangs den Eber als Wappentier, der für die Judäer aber ein unreines Tier darstellte – was zu erheblichen Unruhen in jüdischen Kreisen gegen die Römer führte. Doch auch in vielen anderen Punkten kann man die Wirktätigkeit der römischen Prokuratoren nicht immer als geschickt und der Situation angemessen bezeichnen. Außerdem belasteten die Tributzahlungen die arme Provinz erheblich. Dies führte zu enormem Hass seitens der judäischen Bevölkerung. So lässt sich auch der Wunsch nach einem Wiedererstehen des davidischen Königshauses, das die römische Herrschaft ablösen und die politische Selbstständigkeit wieder herstellen konnte, erklären.

Das Judentum zur Zeit Jesu: eine Gesellschaft mit unterschiedlichen religiösen Meinungen.

Das damalige Judentum war eine sehr vielfältige Religionsgemeinschaft. Aus dem Neuen Testament und aus anderen zeitgenössischen Texten lassen sich drei große Gruppierungen, die das religiöse Leben ihrer Anhänger bestimmten, ableiten: die Pharisäer, die Sadduzäer und die Essener. Diese unterschieden sich in ihrer Art der Religionsausübung erheblich, u. a. deshalb, weil sie völlig unterschiedliche religiöse Texte als verbindlich erachteten. Die Sadduzäer akzeptierten nur die Fünf Bücher Mose, während die Pharisäer alle alttestamentlichen Texte als Grundlage ihres Glaubens ansahen. Das führte folglich zu erheblichen Unterschieden in Lehre und Glaubenspraxis. Neben diesen großen Gruppierungen gab es außerdem noch eine Vielzahl kleinerer Gruppierungen und einzelner Lehrer mit völlig divergierenden Meinungen. Zwei dieser Lehrer nennt das Neue Testament explizit: Johannes der Täufer und Jesus.

Für manche Gruppierungen stand der Jerusalemer Tempel und die Kultpraxis dort im Mittelpunkt, andere erachteten dagegen die private Glaubenspraxis im „stillen Kämmerlein" auch abseits des Tempels für grundlegend. Manche hofften auf apokalyptische Ereignisse, andere versuchten durch aktive religiöse Gestaltung des Alltags das Reich Gottes herbeizubringen. Für die einen war die exakte Erfüllung der Gesetze der oberste Glaubensinhalt, für die anderen die am Mitmenschen ausgerichtete Lebenspraxis, die Nächstenliebe. Der Plura-

Pan-Grotte von Banias.

Dachziegel mit dem Stempelabdruck der Legio X Fretensis.

lismus religiöser Meinungen hätte nicht größer sein können, was die religiösen Spannungen zwischen den Gruppierungen innerhalb des Judentums zu einem schwelenden Schmelztiegel werden ließ.

Jesu Lehre vom Reich Gottes.

In dieser religiösen Vielfalt war Jesus nur eine Stimme von vielen. Er kündigte die nahe Gottesherrschaft an, die der irdischen Herrschaft fremder Herrscher gegenüberstand. Er vertrat die Meinung, dass das Reich Gottes andere Strukturen aufweisen werde als die Gegenwart. Nicht die derzeit Mächtigen und Reichen werden zum Reich Gottes gehören, sondern die Armen, Einfachen, Wehrlosen, Verstoßenen und Randständigen der gegenwärtigen Gesellschaft: „Es ist leichter, dass ein Kamel durch ein Nadelöhr gehe, als dass ein Reicher ins Reich Gottes komme" (Mk 10,25). Solche Worte stießen bei vielen Menschen am See Gennesaret auf offene Ohren. Nicht die politisch Mächtigen der damaligen Welt sollten die Zukunft bestimmen! Sondern jeder Einzelne konnte durch seine Lebensweise entsprechend den Vorstellungen Gottes an seinem Reich teilhaben. Außerdem war es den Anhängern der Lehre Jesu nun möglich, ihren Glauben unabhängig vom Jerusalemer Tempel zu gestalten, der immerhin 4–5 Tagesreisen entfernt lag. Wichtig war nun nicht mehr die strikte und wörtliche Beachtung aller Gesetze, was ohnehin nur einigen Privilegierten möglich war, die sich nahezu ausschließlich dem Schriftstudium widmeten, sondern vielmehr die eigene religiöse Lebenspraxis, die Nächstenliebe und der unbedingte Glaube. Daher durfte man nach Jesu Verständnis beispielsweise auch am Sabbat, an dem eigentlich jegliches Arbeiten strikt verboten war, heilen (Mk 3,1–6). Die Botschaft Jesu sprach die Lebenswirklichkeit der Menschen in Galiläa an und Jesus zeigte ihnen auf, wie alle den Forderungen Gottes entsprechend leben konnten.

Alljährlicher Pilgertourismus nach Jerusalem – Jesu Weg nach Jerusalem.

Zum religiösen Leben eines jeden erwachsenen Juden gehörte es, dass er im besten Fall jedes Jahr an allen drei Wallfahrtsfesten zum Jerusalemer Tempel teilnahm. Dies war jedoch für die meisten Juden kaum zu erfüllen. Die Arbeit zu Hause musste fortgesetzt werden und nur wenige hatten genügend Ersparnisse, um eine solche Reise anzutreten. Trotzdem fanden die Pilgerreisen großen Zuspruch und zu den Wallfahrtsfesten wurden die Übernachtungsmöglichkeiten in Jerusalem knapp und teuer. An den großen Feiertagen musste das Stadtgebiet Jerusalems sogar künstlich erweitert werden, damit alle Pilger Unterkunft fanden. Allerdings lebte die Stadt Jerusalem auch nahezu vollständig vom religiösen Pilgertourismus: Der Geldwechsel für die vielen ausländischen Pilger und der Verkauf von Opfertieren sicherten den Wirtschaftsbetrieb „Tempel". Herodes d. Gr. stärkte diese Wirtschaftskraft, indem er einen Tempelplatz errichten ließ, der mit über 14 Hektar Grundfläche alle anderen Tempelanlagen des Römischen Reiches in den Schatten stellte und somit Handel im großen Stil ermöglichte.

Im Römischen Reich erfreute sich das Judentum zudem großer Beliebtheit, da es mit seinem Monotheismus und seinen klaren ethischen Regeln auf viele Menschen moderner wirkte als die von Götterintrigen strotzende römische oder griechische Mythologie.

Während seiner Jerusalemreise wohnte Jesus in Betanien auf der Rückseite des Ölbergs, immerhin gut 15 km vom Tempelplatz entfernt. Am Abend des Passamahls, das er mit seinen Jüngern in Jerusalem einnahm, kehrte er jedoch nicht mehr zurück. Der Rückweg war angesichts der Dunkelheit wohl einfach zu weit. Vielmehr übernachteten er und seine Jünger am Fuße des Ölbergs in einem Olivenbaumgarten (Garten Getsemane = „Ölkelter").

In der Zwischenzeit hatte Jesu Botschaft bei den Führungspersonen in Jerusalem Aufsehen erregt. Sein Umwerfen der Tische der Geldwechsler und der Verkäufer der Tauben für das Opfer (Mk 11,15–19 parr.) war als klare Kampfansage an den Tempelbetrieb verstanden worden. Der Galiläer schien eine Gefahr für die Ruhe des Kultablaufs und den gesamten Tempelbetrieb zu werden, die es unter Kontrolle zu bringen galt, zumal er bei vielen Pilgern auf Zustimmung stieß. Zahlreiche Menschen sahen in ihm offenbar einen Messias, der das Reich Gottes auf Erden errichten und die gegenwärtige Not beseitigen konnte. Beim Einzug in Jerusalem sollen die Massen gerufen haben: „Gelobt sei, der da kommt in dem Namen des Herrn (= Gottes)! Gelobt sei das Reich unseres Vaters David, das da kommt!" (Mk 11,9–10).

Verhaftung, Kreuzigung und Auferstehung – Ende eines Menschen und Anfang des Christentums.

Die Verhaftung Jesu am Fuße des Ölbergs und die anschließende Verurteilung durch den römischen Statthalter Pontius Pilatus – Juden durften keine Todesurteile erstellen – war nun die logische Konsequenz. Der Vorwurf, mit dem sich Jesus konfrontiert sehen musste, war die Selbstaussage, König der Juden zu sein (Mk 15,2). Für Juden bedeutete dies, dass sich Jesus als Messias (= Gesalbter, das Salben ist die Inthronisation des Königs) verstand. Diese Aussage stieß bereits in vielen jüdischen Kreisen schlichtweg auf Widerspruch. Für einen Römer wie Pontius Pilatus jedoch beinhaltete diese Aussage noch einen anderen, völlig unreligiösen Aspekt. Wer König der Juden sein wollte, stand in klarem Gegensatz zur römischen Herrschaftspolitik. Den Königstitel verliehen die Römer nur ihnen wohlgesonnenen und unterstellten Herrschern wie etwa Herodes d. Gr. Ernannte sich jemand jedoch selbst zum König, dann bedeutete das in ihren Augen Widerstand und Aufruhr. So ist es auch nicht verwunderlich, dass Jesus die typische Strafe für Aufrührer, Terroristen und Revolutionäre erhielt: die Kreuzigung.

Die Botschaft Jesu war mit seinem unrühmlichen Tod jedoch nicht zu Ende. Sie wurde von seinen Anhänger weitergetragen, die ihn als Auferstandenen erlebt hatten. Der Tod Jesu bedeutete zwar das Ende der Person Jesus, aber gleichzeitig den Fortbestand seiner Lehre und damit den Anfang des Christentums. Dieses Christentum besteht inzwischen seit fast 2000 Jahren und mit ihm auch die Faszination der Botschaft Jesu.

Modell des Tempels Herodes' d. Gr.

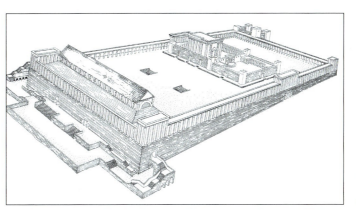

Zeichnung des Tempelkomplexes Herodes' d. Gr.

Sepphoris – „… wie ein Vogel auf seinem Zweig"

Sepphoris war „die" Großstadt im antiken Galiläa, die strategisch günstig auf einem Hügel liegt, von dem aus man das gesamte Umland überblicken kann – „wie ein Vogel auf seinem Zweig", wie der hebräische Ortsname in Anlehnung an das Wort „zippor" für Vogel übersetzt werden kann. Flavius Josephus nannte die Stadt „das Ornament von ganz Galiläa". Erstaunlicherweise wird Sepphoris (wie auch Tiberias!) nicht im Neuen Testament erwähnt. Obwohl Sepphoris gemeinhin als Heimatstadt der Eltern Mariens – Anna und Joachim – gilt.

Unterhalb des Stadthügels läuft die einzige größere Straßenverbindung von der Mittelmeerküste (Akko) zum See Gennesaret (Tiberias), eine ab der vorgeschichtlichen Zeit gern genutzte Handelsverbindung jeweils eine Tagesreise von den beiden Endpunkten entfernt. Da es auf dem Hügel keine natürlichen Quellen gibt, musste die Wasserversorgung der ganzen Stadt über Zisternen erfolgen.

Sepphoris war eine der am stärksten hellenisierten Städte Galiläas, und doch wohnten dort im 1. Jh. n. Chr. vorwiegend Juden, wie archäologische Funde, u.a. eine Mikwe, nahelegen. Ihre Ansiedlung könnte mit der bekannten jüdischen (Neu-)besiedlung Galiläas im 2. Jh. v. Chr. zusammenhängen. Spätestens ab der Zeit der Makkabäer war Sepphoris ein bedeutendes politisches und wirtschaftliches Zentrum, das möglicherweise bereits damals militärisch befestigt war. Die Einwohnerzahl wird unterschiedlich hoch geschätzt und betrug bis zu 10.000 Menschen. Die öffentlichen Gebäude waren bereits gut ausgebaut, es gab mehrgeschossige Häuser mit davorliegenden Portiken sowie gepflasterte Straßen, in denen die zahllosen Handelskarren ihre tief eingeschliffenen Spuren hinterließen. Aufgrund der vielfältigen Handelskontakte nimmt man sogar an, dass die Geschäftssprache in der Stadt Griechisch war, worauf einige entsprechende Graffiti hinweisen.

Erste Kontakte zu Rom erfolgten um die Mitte des 1. Jhs. v. Chr. Pompeius überließ Sepphoris als einzigen Ort in Galiläa der jüdischen Selbstverwaltung. Unter Herodes d. Gr., der die Stadt 39/38 v. Chr. eroberte, wurden ein königlicher Palast und ein Arsenal erbaut, die bei Josephus erwähnt sind, sowie möglicherweise das Theater begonnen. Nach Herodes' Tod eroberten die Römer unter P. Quinctilius Varus Sepphoris und zerstörten es teilweise. Dies ist archäologisch schwer nachzuweisen, da es nur an einer Stelle sichere Brandspuren gibt. Der Sohn und Nachfolger des Herodes als Tetrarch von Galiläa, Herodes Antipas, baute den Ort schließlich zur Residenz aus und verlieh ihm den neuen Namen Autocratoris zu Ehren des römischen Kaisers. Erst 19 n. Chr. verlegte er seine Residenz in die ebenfalls neu gegründete Stadt Tiberias.

Im 1. Jüdischen Aufstand stand die Stadt auf Seiten Roms und beherbergte ab 66 n. Chr. römische Garnisonen unterschiedlicher Stärke und Zusammensetzung. Die Verantwortlichen wollten unter keinen Umständen als Gegner Roms erscheinen und ließen deshalb sogar ihre rebellierenden Landsleute im Stich, indem sie sich etwa weigerten, dem belagerten Jerusalem Hilfe zu schicken. Zum Dank für die Treue zu Rom wurde Sepphoris schließlich anstelle des auf Seiten der Rebellen stehenden Tiberias zur Hauptstadt Galiläas ernannt, eine Rolle, die sie bis ans Ende der Römerzeit beibehielt. Sie erhielt die Beinamen „Stadt des Friedens" oder Eirenopolis, wie auf Münzen aus der Spätzeit des Nero (68 n. Chr.) zu lesen ist.

Da Sepphoris nur ca. 5–6 km von Nazaret entfernt ist, wird wohl zu Recht vermutet, dass der „Zimmermann" Josef und sein Sohn Jesus dort Aufträge erhielten. Josef war „tekton", also Baumeister, was in der Bibel mit „Zimmermann" nur unvollkommen übersetzt wird, denn „Baumeister" bedeutet, dass Josef sich auch mit Statik und Hausbau auskannte und nicht nur Möbel oder Wagen zimmerte – das verschaffte ihm sicher einen größeren Tätigkeitsbereich als einem einfachen örtlichen Schreiner. Wahrscheinlich erlernte der Junge Jesus den Beruf seines Vaters – das war in der Antike die Regel, denn die Kinder wuchsen so von klein auf in ihren späteren Beruf hinein. Beide waren also höchstwahrscheinlich in den Ausbau der Stadt eingebunden – selbst wenn das viel diskutierte „herodianische" Theater der Stadt erst unter Herodes Antipas entstanden sein sollte, denn Arbeit gab es sicherlich auch sonst genug.

Allerdings: Die Monumente, für die die Stadt heute berühmt ist, etwa die großen Stadtvillen mit ihren reichen Mosaiken, existierten damals noch nicht und entstanden erst in späteren Jahrhunderten. Man darf sich daher nicht täuschen lassen – das Sepphoris, das Jesus kannte, sah anders aus.

Die Wegstrecke von Nazaret nach Sepphoris legten Menschen wie Josef und Jesus in aller Regel zu Fuß zurück, während man Fuhrwerke vor allem zum Warentransport benutzte. Unser Bild zeigt eine der Hauptstraßen von Sepphoris mit tief in den Stein eingegrabenen Spurrinnen der Wagenräder. Das Symbol der Straße wird uns auf unserer „Ortsbegehung" noch mehrfach begegnen, während wir Jesu Spuren folgen.

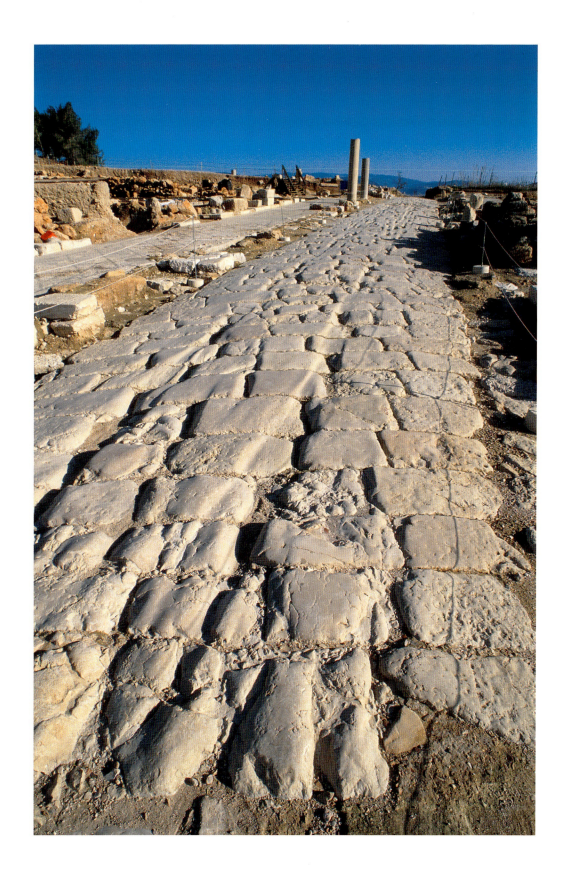

Nazaret – ein Erzengel besucht das Dörfchen

Nazaret ist heute eine florierende Kleinstadt im Westen Untergaliläas, die vor allem auch von den zahllosen Pilgern lebt, die dort Rast machen und die Kirchen besuchen. In der Antike war das anders: In der Zeit um Christi Geburt beherbergte das Dorf, so muss man es nennen, höchstens 400–500 jüdische Einwohner, die Landwirtschaft und Handwerk betrieben. Der Kirchenvater Hieronymus nennt es einen *„viculus"*, ein „Dörfchen". Nazaret gilt als Geburtsort Mariens, aber auch als der Ort der Verkündigung der Geburt Jesu an Maria durch den Erzengel Gabriel. Wir erinnern uns: Die junge Ehefrau Maria war alleine zu Hause und spann Purpur für die Vorhänge des Jerusalemer Tempels. Als sie zum Brunnen ging, um Wasser zu holen, sprach der Engel sie an. Noch heute gibt es einen „Marienbrunnen", aber ob es sich bei diesem um den authentischen Ort handelt, ist nicht sicher. In seiner heutigen Ausprägung ist er moderner Datierung.

Nur etwa zwei Dutzend Gräber auf Hügeln rund um die Verkündigungskirche umreißen die Größe der antiken Siedlung, darunter ist ein einziges frühes Rollsteingrab, während der Rest mehrheitlich in die Spätantike datiert. Innerhalb des Dorfes kennen wir nur wenige frühe Mauerspuren, ein einziger Hausüberrest lässt sich sicher der Jesuszeit zuweisen. Dagegen scheint die weltweit diskutierte Therme unter der „Cactus Gallery" gleich gegenüber des Marienbrunnens wohl doch jüngeren Datums zu sein und eher in die byzantinische Zeit zu gehören. Wie so oft in neuester Zeit (vgl. das „Familiengrab Jesu", s. u. S. 90!) kann der mediale Hype nicht halten, was er verspricht, und „die Therme, in der Maria untertauchte" (wohlgemerkt keine Mikwe!) gehört ins Reich der Fantasie.

Eine angeblich jesuszeitliche Synagogenkirche wirft Rätsel auf, seit man die Spuren eines synagogenähnlichen Baus unter der Verkündigungskirche entdeckte. War dies die Synagoge, in der der erwachsene Jesus aus der Thora vorlas und sich selbst als den Messias zu erkennen gab? Seine Aussagen riefen Unmut und Widerspruch hervor, denn seine Glaubensbrüder konnten sich nicht vorstellen, dass der einfache Handwerker Jesus, Sohn des „Zimmermanns" Josef, plötzlich religiöse Anwandlungen hatte. Sie jagten ihn hinaus und wollten ihn wegen Blasphemie von einer Klippe stürzen. Die heute „Mount of Precipice", „Berg des Abgrundes", genannte Erhebung ist zu weit vom Ort entfernt, um die Originalstelle sein zu können. Diese Bibelstelle legt nahe, dass Jesus und seine Familie aufgrund von Anfeindungen irgendwann aus Nazaret wegzogen und sich in Kapernaum ansiedelten, das er von da an als seine Heimat bezeichnete. Später wurden Jesu Jünger trotzdem weiterhin als „Nazarener" bezeichnet, d.h. die gedankliche Verbindung zum ursprünglichen Heimatort wurde bewahrt.

Der auffälligste, weithin sichtbare Bau in Nazaret ist die Verkündigungskirche: Das umliegende Land wurde schon 1620 von den Franziskanern gekauft, der heutige Kirchenneubau ab 1954 auf Überresten mehrerer Vorgängerbauten, u.a. aus der Spätantike und der Kreuzfahrerzeit, errichtet. Die Kuppel der heutigen Kirche erinnert an eine umgedrehte Lilienblüte, einem Symbol der Keuschheit des Mädchens Maria.

Die spätantike Kirche entstand über der Grotte, die man als Wohnhaus der Familie Jesu interpretierte. Der Bau soll angeblich ebenso wie die Geburtskirche in Betlehem und die Grabeskirche in Jerusalem eine Stiftung Helenas im Auftrag ihres Sohnes Konstantin d. Gr. gewesen sein. Archäologisch ist sie nicht mehr fassbar, da sie bereits im 7. Jh. zerstört wurde. In aufgefundenen Putzresten waren die Namen Jesu und Marias eingeritzt sowie mehrere Kreuze. Weitere Namen, die hier vorkommen, sind Leon, Sarah und Sysinius – möglicherweise die Namen der Pilger, die sich dort verewigten. Im gesamten Areal unterhalb der Kirche war der Boden quasi durchlöchert von Vorratsgruben für Getreide, für die Aufbewahrung von Vorratsgefäßen oder Krügen, von Weinkellern und einigen Ölpressen – all dies weist deutlich auf den bäuerlichen Charakter des frühen Nazaret hin. In der Kreuzfahrerzeit wurde ein reich ausgestatteter Neubau der Verkündigungskirche errichtet, für den etwa fünf berühmte figürliche Kapitele (gef. 1909) mit Apostelndarstellungen vorgesehen waren. Sie waren angeblich von einem Bildhauer aus Frankreich geschaffen worden, konnten aber angesichts von Saladins Eroberungen 1187 nicht mehr verbaut werden.

Spätestens seit dem 4. Jh. n. Chr. florierte in Nazaret die Pilgerindustrie, die besonders zu Weihnachten viele Menschen in den *„viculus"* zog; angefangen mit der unermüdlichen Egeria; der angelsächsische Pilger Arkulf sah zwei Kirchen – eine über dem Wohnhaus inklusive Krypta und Marienbrunnen, die andere an der Stelle der Verkündigung. Willibald von Eichstätt berichtet im 8. Jh. (in seinem von der Nonne Hugeburc aufgezeichneten Pilgerbericht), dass die Christen zu seiner Zeit oft „Schutzgeld" an die Muslime zahlten, um ihre Kirchen vor der Zerstörung zu bewahren. So zog jeder seinen Nutzen …

Katzrin – Raum ist in der kleinsten Hütte

In einem solchen zeitlos einfachen Haus, wie es im archäologischen Park Katzrin rekonstruiert wurde, könnte Jesus aufgewachsen sein und gelebt haben, weit weg vom Luxus eines Herodes d. Gr. Zweckmäßige Hofhäuser vergleichbaren Typs sind im Nahen Osten seit Jahrtausenden typisch, ohne großartige Veränderungen in ihrem Grundriss oder der Bauweise zu erfahren. Die Wände bestehen aus Lehmziegeln oder Feldsteinen, die mit Putz beworfen wurden.

Die Dachbalken aus zugerichteten Baumstämmen bestimmen durch ihre Länge die maximale Höhe der Zimmer. Die Räume sind niedrig und der Boden ist mit Steinplatten ausgelegt oder einfach aus Stampflehm gefertigt. Die Dächer bestehen aus leichten, lehmverschmierten Ästen, die bei Bedarf einfach abgenommen (vgl. die Geschichte von Jesu Krankenheilung in Kapernaum) oder repariert werden konnten. Dachziegel in römischem Stil waren dort sicher unbekannt und kommen nur in Gegenden mit römischem Einfluss überhaupt vor – und dann hauptsächlich in vom Militär selbst errichteten Bauten (vgl. die zahlreichen Ziegelstempel der *Legio X Fretensis* in Jerusalem, vgl. auch Essay „Historischer oder literarischer Jesus?" S. 14). Solche Gebäude hatten in der Regel kein zweites Stockwerk, da weder die Wände noch das Dach dieses hätten tragen können. Das Dach war oft begehbar und wurde nachts als Schlafplatz genutzt, wie man es noch heute im Orient kennt.

Die Innenausstattung ist karg und zweckdienlich. An zentraler Stelle steht der lehmaufgebaute Kuppelofen, gelegentlich kommen auch zwei Exemplare nebeneinander oder in einander gegenüberliegenden Raumecken vor. Gleich daneben, in Reichweite der Hausfrau, steht der Mahlstein zum Getreidemahlen. Solche Mahlsteine wurden – in runder oder rechteckiger Form – zu Tausenden in Palästina gefunden, im Gebiet um den See Gennesaret bestanden sie häufig aus dem vor Ort anstehenden Golanbasalt. In der Ecke des Zimmers sehen wir ein auf einem Unterbau stehendes großes Vorratsgefäß, wie es hier seit Jahrtausenden bekannt ist.

Die Ausstattung wird komplettiert durch einfache Kochtöpfe und Geschirre – in Orten wie Nazaret waren dies alles Lokalprodukte (in diesem Fall aus Kfar Hananya und Kfar Shikhin), aber keine Importe aus weiter entfernten Regionen. Die Einfuhr von hellenistischer oder römischer Feinkeramik konnten sich nur Wohlhabendere leisten, entsprechende Funde liegen nur entlang der großen Handelsstraßen bzw. in städtischem Umfeld vor (vgl. u. S. 56 Betsaida). Gefäße aus Glas gab es auf dem Land zur Jesuszeit nur sehr selten, obwohl hier sogar eine örtliche Produktion im nordgaliläischen Tel Anafa nachgewiesen ist (geformte Schalen mit eingeschliffenen Horizontalrillen und Rippenschalen nach römischem Vorbild).

Außerdem verwendete man sicherlich auch Körbe und Holzgefäße, wie wir sie aus den „Fluchthöhlen" am Toten Meer kennen, wo die Rebellen des 1. und 2. Jüdischen Aufstandes mit ihren Familien die Belagerung durch die römischen Truppen auszusitzen versuchten. Im Nachbarzimmer neben der Küche könnte man den Webstuhl vermuten, an dem die Hausfrau jede freie Minute damit beschäftigt war, selbst die Textilien für Kleider und Tücher anzufertigen. Textilherstellung gehörte zu den bevorzugten Frauenarbeiten der frühen Kulturen und auch für Jesu Mutter Maria gibt es einige Belege, dass sie sich der Textilarbeit gewidmet hat (sie spann Purpur für den Tempelvorhang, als Gabriel ihr Gottes Botschaft überbrachte). Im europäischen Mittelalter war das auch noch nicht anders und so kennt man viele Darstellungen der Gottesmutter, die sie beim Spinnen, Weben oder Brettchenweben zeigen.

Das hier abgebildete *„talmudic house"* gehört zum spätantiken Dorf Katzrin im Golan, das nach seiner archäologischen Untersuchung rekonstruiert wurde und im Archäologischen Park Katzrin besichtigt werden kann. Ethnologische Vergleiche haben ergeben, dass die drusischen Dörfer in der Umgebung bis heute ähnliche Häuser aufweisen, die noch immer bewohnt und teils sogar modernen Betonbauten vorgezogen werden.

Betlehem – der Stall war eine Höhle

Betlehem, der traditionelle Geburtsort Jesu, liegt ca. 8 km südlich von Jerusalem an der Straße nach Hebron im Westjordanland. Da es vor Ort keine Quellen gibt, war man auf Zisternen angewiesen. Erst unter Pontius Pilatus wurde ein Seitenarm des neuen, nach Jerusalem führenden Aquädukts über Betlehem umgeleitet.

Der Ort war schon in alttestamentlicher Zeit besiedelt, wie mehrere Erwähnungen in der Bibel belegen. Besonders wichtig ist hierbei die Prophezeiung des Propheten Micha, der Betlehem und der Familie Davids Größe voraussagt, was schließlich durch die Geburt Jesu eintreten sollte. Ob dies der Realität entspricht, ist bis heute umstritten, denn viele vermuten, Jesus sei in Nazaret geboren worden (vgl. Essay „Historischer oder literarischer Jesus?" S. 11, 13).

In hadrianischer Zeit war ein heidnisches Heiligtum des Tammuz über der Geburtshöhle errichtet worden, das spätestens in konstantinischer Zeit unter der Ägide seiner Mutter Helena abgerissen wurde und Platz machte für die 326 n. Chr. errichtete erste Geburtskirche. Ähnlich wie bei der Grabeskirche in Jerusalem wurde der Sakralbau bis heute zahllosen Um- und Anbauten unterzogen. Die Kirche wurde ab 1934 ausgegraben, wobei man allerdings nur noch iustinianische Reste antraf, während die konstantinischen komplett bis auf die Fundamente und wenige Mosaikreste verschwunden waren. Diese zeigen, wie immer in dieser Zeit, Pflanzen und Tiere in aufwendigen geometrischen Rahmen. Über der Geburtsgrotte hatte man ein Oktogon errichtet, das an das Oktogon über dem Haus des Petrus in Kapernaum erinnert (vgl. u. S. 46).

Ein iustinianischer Neubau sollte den zu klein gewordenen älteren ersetzen, doch bei seiner Errichtung gab es Probleme: Nach Aussage des Eutychius war Iustinian mit der Arbeit seines Architekten unzufrieden und ließ ihn deswegen köpfen – man kann nur hoffen, dass diese Geschichte ins Reich der Legenden gehört! Iustinian ließ jedenfalls die Säulen und Kapitelle der konstantinischen Kirche wiederverwenden und ergänzte sie so gekonnt mit 14 weiteren Säulen, dass manche Betrachter bis heute alle Säulen einer Zeitstellung zuweisen und damit konstantinisch datieren. Ebenfalls neu angelegt und mit Bronzetüren versehen wurden die beiden Eingänge in die Grotten unter dem Altar.

Im Jahr 614 während der persischen Eroberung blieb der Kirchenbau als einer der wenigen im Heiligen Land verschont, und zwar angeblich wegen einer Darstellung der drei Weisen in persischer Kleidung auf der Fassade. Auch in islamischer Zeit blieb er unversehrt, sodass frühe Pilger wie Arkulf (670) ihn noch im Original sehen konnten. Selbst als die Kreuzfahrer 1099 eintrafen, war die Kirche noch intakt: Die Kreuzritter wurden von den Mönchen und der örtlichen Bevölkerung grandios empfangen und in die Kirche geleitet. In der Folgezeit ließ man Wände und Säulen mit kostbaren Mosaiken und Malereien ausstatten, wie wir aus einer Künstlerinschrift wissen: „Dieses Werk wurde vollendet vom Mönch Ephram, dem Historienmaler und Mosaikmeister, während der Herrschaft des großen Kaisers Manuel Porphyrogenitos und zur Zeit des Amalrich (I.), König von Jerusalem ... im Jahr 1169 ..." Eine hübsche Anekdote weist ebenfalls in die Kreuzfahrerzeit: Angeblich wurde der niedrige Eingang in die Kirche als Geste der Demut erbaut oder aber um die Ritter daran zu hindern, zu Pferd in die Kirche zu reiten! Nach der Vertreibung der Kreuzfahrer aus Palästina in der Folge der Schlacht von Hattin im Jahre 1187 fiel die Geburtskirche wieder unter die Oberhoheit der orthodoxen Christen, faktisch aber waren die Muslime die Herren. Diese hatten schnell gelernt, dass intakte Pilgerziele eine gute Einkommensquelle darstellen. So wurden muslimische Wachposten an den christlichen Denkmälern eingesetzt, um Eintritt zu kassieren – im 12. Jh.!

Die eigentliche Geburtsstelle Jesu wird in einer der unter dem Altarraum befindlichen Höhlen vermutet. In der Zeit um Christi Geburt war es üblich, natürliche Höhlen mit An- oder Einbauten zu versehen und zu Wohnzwecken oder als Stallungen zu nutzen (vgl. o. S. 18). Daher ist für die Geburt Jesu durchaus eine Höhle denkbar, und nicht, wie auf zahllosen westlichen Darstellungen zu sehen, eine Scheune oder ein Stall aus Holzbrettern. Heute ist in der Krypta an der angeblichen Geburtsstelle wieder ein silberner Stern auf dem Boden befestigt, bei dem es sich allerdings nicht mehr um das Original handelt, das im 19. Jh. gestohlen wurde.

Gleich nebenan befinden sich weitere Höhlen, darunter diejenige, in der Kirchenvater Hieronymus (unter Begleitung der noblen Römerinnen Paula und Eustochium) viele Jahre verbrachte und die Bibel ins Lateinische übersetzte. Ebenda befindet sich auch das ursprüngliche Grab des Kirchenvaters, bevor sein Leichnam – gegen seinen ausdrücklichen Willen! – in die Kirche Sta. Maria Maggiore in Rom transferiert wurde.

So zehrt Betlehem noch heute von ihrem Ruf als Geburtsstadt des Herrn, die jedes Jahr Millionen von Besuchern anzieht. Leider werden es aufgrund der komplizierten und unruhigen politischen Lage immer weniger, worunter besonders die christlich-palästinensischen Einwohner zu leiden haben.

Caesarea Maritima – *„Tochter Roms"* in der Levante

König Herodes erhielt seinen Beinamen „der Große" weniger durch politische Großtaten als durch sein gigantomanisches Bauprogramm, bei dem er sein Reich mit prachtvollen, nach römischem Vorbild geplanten Palastbauten überzog, nicht zu vergessen den Neubau des Jerusalemer Tempels. Eine seiner größten baulichen Leistungen ist die über die Dauer von 10–12 Jahren umgesetzte Neukonzeption der Stadt Caesarea Maritima, die er anstelle des bereits existierenden kleinen Hafens Stratonsturm (*Stratonos Pyrgos*) als neue Hauptstadt Judäas zu Ehren seines Gönners, des römischen Kaisers Augustus, erbaute.

Der heute übliche Name scheint allerdings erst in der Neuzeit allgemeine Verwendung gefunden zu haben, in der Antike bezeichnete man den Ort als Caesarea Sebastos oder Caesarea in Palästina. Es war eine Reißbrettstadt mit pompöser Ausstattung wie einem Theater, Hippodrom und Aquädukten, von denen insgesamt drei die Stadt versorgten. Das fast 10 km lange Hochaquädukt ist noch heute in beeindruckender Weise erhalten. Es führte Wasser von den südlichen Abhängen des Bergs Karmel in die Stadt. Der Stadtplan orientiert sich, soweit angesichts der Küstenlinie möglich, an einem rechtwinklig ausgerichteten Grundriss. Auf der Landseite wird die Stadt von einer halbkreisförmigen herodianischen Mauer umgeben, die in byzantinischer Zeit aufgrund der stetig anwachsenden Bevölkerung erweitert werden musste und schließlich sogar Theater und Hippodrom als Befestigungsbauten mit einbezog. Offenbar wurden von Herodes d. Gr. als Gegengewicht zur Griechisch sprechenden phönizischen und hellenistisch-römischen Bevölkerung der Stadt auch zahlreiche Juden angesiedelt.

Besonders wichtig war der neue künstliche Tiefwasserhafen, der als Tor nach Westen konstruiert und nicht nur seinem Namen nach vollkommen auf Rom ausgerichtet war. Dieser zu jeder Jahreszeit nutzbare Hafen sollte den Handel und die politischen Fernbeziehungen stärken und eine imposante Kulisse für etwaige Staatsgäste aus dem fernen Italien bieten. Noch heute beeindrucken die Reste der massiven Molen, die wie eine Zange ins Mittelmeer hineinragten und nur eine relativ kleine Hafeneinfahrt frei ließen. Allerdings verlandete der Hafen binnen weniger Jahrhunderte, sodass sich die Seefahrer der Spätantike bereits andere Anlegestellen nördlich oder südlich davon suchen mussten.

Die beiden Türme an der Hafeneinfahrt waren nach Kaiser Tiberius und seinem Bruder Drusus benannt, Tiberieum und Druseion. Eine 1961 gefundene Inschrift berichtet von den Erneuerungsarbeiten, die Pontius Pilatus am Tiberieum vornehmen ließ. Sie ist unsere einzige Quelle für den korrekten Rang des Pilatus, der *praefectus* war, und nicht wie zuvor immer angenommen, Prokurator (vgl. u. S. 64). Direkt an der Schauseite des Hafenbeckens lag auf einer erhöhten Plattform der Tempel des Augustus und der Roma, von dem unter der kreuzfahrerzeitlichen Bebauung nur noch minimale Reste erhalten blieben. Das Podium befindet sich heute noch 13 m über dem Meeresspiegel – man kann sich vorstellen, wie imposant der antike Bau einmal war. Daneben befanden sich am Ufer zahlreiche tonnengewölbte Lagerhäuser, die bei Josephus beschrieben sind.

Nach Süden angeschlossen ist der sog. „Klippenpalast" des Herodes, der ursprünglich nur ein großes Schwimmbecken mit wenigen Räumen darum herum darstellte, die für Bankette und Empfänge genutzt werden konnten. Dieses große Becken hat Caesarea mit all den anderen Palastbauten des Herrschers gemein, von denen nur die in der judäischen Wüste besser erhalten blieben, während die Prachtbauten in Jerusalem und Samaria-Sebaste entweder völlig verschwunden oder nur in den Schriften des Flavius Josephus beschrieben worden sind. Später wurde der „Klippenpalast" zum Prätorium des römischen Präfekten umgebaut, der sich wie selbstverständlich in das jeweilig imposanteste Gebäude am Platz setzte (vgl. Jerusalem, wo das Prätorium ebenfalls im herodianischen Palast lag, s. u. S. 82).

Ab 6 n. Chr., als Judäa von den Römern annektiert und der Provinz Syria angegliedert wurde, war immer eine Anzahl von Auxiliareinheiten in Caesarea stationiert. Daher blieb die heidnische Bevölkerung Caesareas Rom auch während des 1. Jüdischen Aufstands treu, während die Juden (und Christen?) zum größten Teil umgebracht wurden (Jos., Bell. II, 457). Dort wurde Vespasian im Jahr 67/68 n. Chr., während er in der Stadt überwinterte, von seinen Truppen zum Kaiser ausgerufen. Nach der Provinzwerdung Judäas wurde Caesarea zugleich zur Hauptstadt und zur *colonia* ernannt, wobei Letzteres die Ansiedlung vieler Veteranen zur Folge hatte. Dies verstärkte den römischen Charakter der Stadt noch, sodass Caesarea feindlich gesonnene Rabbis ihr den Spitznamen „Tochter Edoms", d. h. „Tochter Roms" gaben.

Der Hauptstadtstatus blieb der Stadt 600 Jahre lang erhalten, bis in die Zeit, als Caesarea längst christlich und Sitz eines Bischofs war. Erste Christen (sogenannte Judenchristen, also zum Christentum konvertierte Juden und Heiden) hatten sich jedoch schon im 1. Jh. n. Chr. zu Jesus bekannt, wie wir aus der Apostelgeschichte (10) wissen (Bekehrung des Centurio Cornelius). Berühmtester Christ Caesareas ist wohl Eusebius von Caesarea, der Historiker und Biograf Konstantins d. Gr., der dort viele Jahre wirkte.

Herodion – ein Palast als Denkmal und Grab

Das Herodion ist der bemerkenswerteste unter den vielen Palastbauten Herodes' d. Gr. – was von Weitem aussieht wie ein Vulkankrater, ist in Wahrheit ein kreisrunder Bau mit vier ebenfalls kreisrunden bzw. halbkreisförmigen Türmen, die die Außenlinie schneiden und nach den Himmelsrichtungen ausgerichtet sind. Josephus schreibt treffend, der Hügel habe die gerundete Form einer weiblichen Brust. An dessen Fuß liegt das „Untere Herodion", wie die zur Festung gehörende riesige Palastanlage genannt wird. Beides zusammen ist der einzige Baukomplex, der nach Herodes selbst benannt ist: Alle anderen wurden von ihm entweder nach ihm wichtigen Personen benannt (dem römischen Kaiser, seiner Mutter Kypros, die Jerusalemer Türme Hippikus, Phasael und Mariamne nach Freund, Bruder und einer Gattin) oder aber liegen in bereits bestehenden Städten (Jerusalem, Samaria). Wir haben das Glück, dass für viele dieser Bauten jeweils ausführliche Beschreibungen bei Flavius Josephus überliefert sind.

Der Ort, an dem das Herodion entstand, war aus verschiedenen Gründen im Leben des Herodes wichtig: Auf der Flucht vor seinem Rivalen Matthatias Antigonos von Jerusalem nach Masada war er im Jahre 40 v. Chr. mit seiner Familie bis hierher gelangt, als seine nabatäische Mutter Kypros so schwer mit ihrem Wagen verunglückte, dass alle mit ihrem Tod rechneten. Dadurch aufgehalten, wurde der Tross des Herodes von den Leuten des Antigonos eingeholt, doch aus der nun folgenden Entscheidungsschlacht ging Herodes als Sieger hervor.

Als das bei Josephus genannte Bauwerk identifiziert wurde der Hügel bereits 1838 durch den amerikanischen biblischen Archäologen Edward Robinson, erstmals näher untersucht durch den deutschen Architekten Conrad Schick ein gutes halbes Jahrhundert später. Ab 1962 gruben Archäologen der Franziskaner unter Virgilio Corbo dort, ab 1973 Ehud Netzer, dem es 2007 auch gelang, den lange verschollenen Sarkophag des Herodes zu finden. Im Herbst 2010 schließlich verstarb Netzer bei der Erforschung seines Lebenswerks, als er im Herodion von einem Gerüst fiel.

Das Herodion ist insgesamt fünf Stockwerke hoch und nur über einen tonnengewölbten Gang zugänglich. Seine Gesamthöhe beträgt 60 m, wobei der Hügel außen künstlich angeschüttet wurde und zugleich ein Denkmal und eine Festung darstellt. Wichtig war sowohl die gute Verteidigungsmöglichkeit, als auch vor allem die weite Sichtbarkeit bis hin nach Jerusalem, das in 12 km Luftlinie entfernt liegt. Der Kern besteht aus zwei parallelen Ringmauern (Durchmesser der äußeren 62 m), in die ein großer runder und drei halbkreisförmige Türme integriert sind. Das oberste Stockwerk ist zum Himmel hin offen, da sich dort der Garten mit zwei Exedren inmitten einer dreiseitigen Portikus befand. An einer Seite gibt es eine Rampe mit überwölbter Treppe (Josephus spricht von 200 Marmorstufen, die jedoch bisher nicht gefunden wurden), damit man das Gebäude im ersten Stockwerk betreten konnte. Nach Durchschreiten einer Torkammer kam man im eben beschriebenen Gartenbereich an – eine sehr elegante Lösung, die sicherlich bei den Gästen großes Erstaunen hervorrief. Man stelle sich vor, man tritt aus einem ewig langen, dunklen Gang plötzlich ins gleißende Sonnenlicht des Gartens!

Um den Gartenbereich herum liegen verschiedene Palasträume, etwa *triclinia*, Schlafzimmer und Badesuiten nach römischem Vorbild, die alle im 1. Pompejanischen Stil reich bemalt oder mit Mosaiken ausgelegt sind. Das jüdische Bilderverbot wird hier nur bedingt beachtet, da zumindest Wasservögel dargestellt sind. Dazu kamen architektonische Details wie Türstürze aus weißem Stuck. Das benötigte Wasser kam aus einem Aquädukt sowie aus Zisternen, die mit wasserfestem Mörtel ausgekleidet und auf verschiedenen Höhen innerhalb des Hügels angebracht waren und z. T. von Wasserträgern bedient wurden. Nur vom ersten Stockwerk aus gab es einen Schöpfbrunnen mit Seilwinde und Eimern.

Im Außenbereich des Hügels lag an versteckter Stelle das Grab des Herodes, in dem sich der reich dekorierte Marmorsarkophag befand. Doch schon bald wurde dieser in hundert Einzelteile zerschlagen, denn das Volk schätzte den verstorbenen Herrscher genauso wenig wie den lebenden. So verwundert es nicht, dass vom Leichnam des Gewaltherrschers keine Spur mehr zu finden ist

Als „Unteres Herodium" werden die ausgedehnten Palastanlagen am Fuß des Hügels bezeichnet, die von ihren Achsen her auf die Befestigung bezogen sind. Hier fanden sich vor allem weitere Speise- und Schlafräume sowie ein Bedienungstrakt. In zentraler Lage aber liegt ein großes, mit wasserfestem Mörtel ausgekleidetes Schwimmbecken, das ebenfalls aus dem Aquädukt gespeist wurde und in seinen vier Ecken Zugangstreppen besaß. In der Mitte des Beckens stand ein Rundbau, wohl eine Art Ruhepavillon. Um diesen Pool war ein großer Gartenbereich mit Portiken angelegt – unsere Abbildung zeigt die teilrekonstruierten Säulen dieser Wandelhallen.

Tiberias – Hauptstadt der Heimatlosen

Tiberias wurde vom Tetrarchen Herodes Antipas, einem der Söhne des „Großen" Herodes, um das Jahr 20 n. Chr. in der Nachfolge von Sepphoris als neue Hauptstadt Galiläas gegründet und zu Ehren des Kaisers Tiberius benannt. Da für die Erbauung der Stadt ältere jüdische Gräber aufgelassen werden mussten, galt der Ort von Anfang an für gläubige Juden als unrein und wurde gemieden, während Antipas als Grabschänder verteufelt wurde. Dieser siedelte daraufhin alle möglichen Heimatlosen und Nichtjuden dort an, sodass die Stadt von Anfang an gegenüber den rein jüdischen Siedlungen am See Gennesaret eine Sonderstellung einnahm. Um einige Neubürger überhaupt von einer Ansiedlung in Tiberias zu überzeugen, wurden ihnen kostenlos Häuser errichtet und Ländereien zugewiesen. Bei wieder anderen musste sogar Gewalt angewendet werden. Trotz oder gerade wegen der gemischten Bevölkerung bildete sich Tiberias zu dem internationalen Zentrum am See Gennesaret heraus. Da es am Seeufer nur wenig freien Platz gab (nur maximal 300 m nutzbare Breite), musste sich die zur Jesuszeit gerade entstehende Stadt – wie noch heute – entlang der Berghänge an der Westseite ausdehnen, was aber vollends wohl erst ab der Spätantike erfolgte. Wie Sepphoris ist Tiberias nicht im Neuen Testament erwähnt. Das dient immerhin als Hinweis dafür, dass die Stadt nicht zu Jesu bevorzugten Wirkungsgebieten gehört haben kann, der seine Zuhörer eher in den kleinen jüdischen Flecken am nördlichen Ende des Sees fand.

Tiberias wurde darüber hinaus „zu Ehren des Kaisers" mit weiteren typisch hellenistisch-römischen öffentlichen Großbauten ausgestattet: einem basilikaartigen Bau sowie einem Theater und einem Hippodrom und/oder Stadion, das nördlich der Stadt in Richtung Magdala vermutet wird und nur aus den Schilderungen bei Josephus bekannt ist. Insgesamt aber lag das Zentrum des antiken Tiberias weiter südlich als das heutige. Der sicher anzunehmende herodianische Palast konnte bisher noch nicht lokalisiert werden. Man hatte ihn ursprünglich auf dem Gipfel des sich 200 m über dem See erhebenden Mount Berenice im Westen der Stadt vermutet, wo aber nur eine byzantinische Kirche zu Tage kam und keine frührömischen Spuren. Inzwischen nimmt man eine Lage am Seeufer an. Jedenfalls war dieser Palast laut Josephus mit vergoldeten Decken versehen sowie mit Tierbildern geschmückt und verstieß so gegen das jüdische Bilderverbot (vgl. o. S. 26).

Das hier gezeigte Südtor der Stadt, das ohne Anschluss an eine etwaige Stadtmauer den Eingang zur Stadt über dem parallel zum Seeufer verlaufenden, gepflasterten Cardo überspannt, besteht aus zwei kreisrunden, 7 m im Durchmesser messenden Türmen. Unter dem Pflaster entdeckte Keramik gehört ins 1. Jh. n. Chr. Entlang dieser Hauptstraße wurden Ladenzeilen gefunden. Ein fast identisches, ebenfalls als frei stehendes Bogenmonument konzipiertes Tor, existierte in der südöstlich jenseits des Jordans gelegenen Dekapolisstadt Gadara, sodass man wohl von einem bewussten Bezug beider Bauten zueinander ausgehen kann und auch ihre antike Benennung entsprechend der Gepflogenheiten aufeinander zu beziehen ist. Wir hätten hier also das „Gadara-Tor" vor uns, während der entsprechende Bau in Gadara als das „Tiberias-Tor" bezeichnet worden sein könnte. Beide Bauten könnten Zollfunktion besessen haben. Eine Ummauerung wurde in Tiberias laut Josephus anlässlich des 1. Jüdischen Aufstandes angefügt, von der sich aber keine Spuren gefunden haben – alle bekannten Mauerreste stammen aus byzantinischer Zeit (6. Jh.). Ebenso wenig konnte bisher das als sicher anzunehmende Nordtor lokalisiert werden.

Etwas südlich der Stadt entspringen in Hammat Tiberias heiße Quellen, die schon in der Antike als Heilquellen geschätzt wurden. Josephus nennt den Ort „Emmaus", was darauf hinweist, dass es in der Antike mehrere Orte dieses Namens gab und man das biblische Emmaus zumindest an einem Ort mit heißen Quellen suchen sollte (vgl. u. S. 94).

Flavius Josephus beschreibt nicht nur die Stadt genau, sondern nennt das Gebiet von Tiberias „den schönsten Teil Galiläas", der ausgesprochen fruchtbar und voller Naturschönheit war. Damit meint er wahrscheinlich die Ebene nördlich der Stadt, die sich über Magdala hinaus bis Ginosar hinzieht und auch heute noch als Gewächshaus des Landes gelten kann: Dort wachsen Feigen, Trauben, Dattelpalmen und Ölbäume, sowie heute die in der Antike unbekannten Bananenstauden. Die von Herodes Antipas geprägten Stadtmünzen zeigen denn auch zum einen die für das Seeufer typische Schilfpflanze, zum anderen die Dattelpalme.

Jordantal – ein Paradies droht, zur Kloake zu werden

Der Jordan ist der wichtigste Fluss Israels, ja des Mittleren Ostens. Gespeist aus vier im Libanon und in Israel entspringenden Quellflüssen, zieht sich diese Lebensader des Heiligen Landes vom Norden Galiläas bis zu ihrer Mündung ins Tote Meer. Ihre – wie in unserem Bild – paradiesisch reiche Flusslandschaft prägte das Land schon in vorgeschichtlicher Zeit und wird heute zumindest in Teilen als Naturreservat geschützt. In der Luftlinie beträgt ihr Verlauf nur 170 km, misst man aber das kurvige Flussbett, so kommt man auf 250 km. Zugleich bildet der Jordan in weiten Bereichen seines Unterlaufs ab Bet-Schean bis zum Toten Meer die Grenze des heutigen Israel zu Jordanien, während im Norden die ehemals syrischen Golanhöhen liegen, die 1967 erobert wurden.

Der Verlauf des Jordans markiert genau den Grabenbruch zweier tektonischer Platten, wo die Eurasische und die Afrikanische Platte zusammenstoßen, was immer wieder zu heftigen Erdbeben führt. Aus der Antike sind einige dieser Erdbeben sowohl historisch als auch archäologisch belegt, etwa das Beben von 363 n. Chr., das die Besiedlung von Betsaida/et-Tell abrupt beendete, als es den Ort endgültig vom nun veränderten Jordanlauf abtrennte (vgl. u. S. 56).

Nach neuesten Berichten ist jedoch der einstmals bis zu 65 m breite Fluss inzwischen stellenweise akut vom Austrocknen bedroht. Der Grund dafür ist, dass die Anrainerstaaten Israel, Syrien und Jordanien über 90 % des Flusswassers ableiten, um ihre Felder zu bewässern. Umgekehrt werden ungeklärte Abwässer aus Israel und Jordanien in den Fluss geleitet, sodass er heute an einigen Stellen mehr einem Abwasserkanal ähnelt als einem gesunden, natürlichen Fluss. So hat sich durch die Einwirkung der Menschen in das über Jahrtausende hinweg stabile Ökosystem allein in den letzten 80 Jahren die ursprüngliche Artenvielfalt an Tieren und Pflanzen halbiert und manche früher häufige Tierart wie der Otter ist nun verschwunden. Da der heutige Fluss Jordan einen deutlich höheren Salzgehalt aufweist als früher, ist das Wasser nicht mehr trinkbar und selbst eine Taufe im Jordan wäre an mancher Stelle heute gesundheitsgefährdend!

Schließlich ist der Mittel- und Unterlauf des Jordans südlich des Sees Gennesaret diejenige Region, in der Johannes der Täufer nach Aussage der Bibel Anhänger um sich scharte und sie mit dem Flusswasser taufte. Wo genau dies stattfand, ist seit Ewigkeiten umstritten. Dabei kann man sicher davon ausgehen, dass Johannes nicht nur an einer Stelle taufte, sondern entlang des gesamten Jordanlaufs zwischen See Gennesaret und Totem Meer hin- und herzog. Wem das nicht genügt, der sei darauf hingewiesen, dass eine solche Taufe in erster Linie spirituelle, ortsunabhängige Bedeutung besitzen sollte.

Die Landschaft am Jordan wird zwar im Sommer extrem heiß und gefährlich, der Winter und das Frühjahr bringen dagegen ein so mildes Klima mit sich, das Reisende sogar im Freien übernachten lässt. Gerade für die Pilger, die zu Pessach nach Jerusalem zogen, bot das Jordantal eine vergleichsweise angenehme Route, die sie einzeln oder in Gruppen entlangzogen.

Dies wird dokumentiert auf der ältesten bildlichen Quelle, die wir vom Jordantal besitzen: der Mosaikkarte von Madaba in Jordanien aus dem mittleren 6. Jh. In der dortigen St. Georgskirche schmückte einstmals ein veritabler Landkartenteppich die Apsis, der heute leider nur noch in Bruchstücken erhalten ist. Während der Oberlauf des Jordan und der See Gennesaret auf dieser nach Osten hin orientierten Karte nicht erhalten sind, gibt sie aber detailgenau und mit ausführlicher Beschriftung in griechischen Großbuchstaben den Jordanverlauf bis zum Toten Meer samt der umliegenden Gebiete wieder. Dieses einmalige Kulturdenkmal wurde erst 1894 entdeckt und besitzt heute eine noch erhaltene Größe von 16 auf 5 m. Aufgrund der wiedergegebenen Ortsnamen gelang es Archäologen, einige bis dahin unsichere Orte zu lokalisieren (z. B. Askalon). Auch die „Taufstelle" von Aenon (vgl. u. S. 34) ist auf der Ostseite des Jordan verzeichnet. Aufgelockert wird die streng geografische Karte durch einiges „Lokalkolorit" in Form von Fischen und Wüstentieren, Booten und Brücken. Einige der Tierdarstellungen wurden später von muslimischen Bilderstürmern unkenntlich gemacht.

Ein Kerem – ein Asket als Vorläufer Jesu

Das muslimische Dorf Ein Kerem, nahe Jerusalem im Westjordanland gelegen, ist der legendäre Geburtsort von Johannes dem Täufer. Dies ist jedoch, wie eigentlich alles im Leben des Johannes, archäologisch kaum zu verifizieren. Angeblich war Jesu Mutter Maria eine Verwandte der aus einem Priestergeschlecht stammenden Elisabeth, die schon in fortgeschrittenem Alter war und kein Kind bekommen konnte. Deshalb wendete sie sich an Gott, der ihr einen Sohn schenkte: Johannes. Dieser Johannes wurde zu einem radikalen religiösen Asketen und zum Wegbereiter Jesu. Er sah seine Vorbilder in den alten Propheten Israels, wobei insbesondere Elia eine große Rolle spielte. Angeblich waren Maria und Elisabeth schließlich zur gleichen Zeit schwanger und ihre Söhne wurden in kurzem Abstand voneinander geboren. Allerdings sind die nacherzählten oder bildlich in der Malerei festgehaltenen Szenen aus der Kindheit von Johannes und Jesus sämtlich legendär, so ansprechend sie auch sein mögen.

Die genauen Lebensdaten des Täufers sind unsicher, es wird nur davon berichtet, er sei im 15. Regierungsjahr des Tiberius, also 27/29 n. Chr. erstmals öffentlich in Erscheinung getreten und schon etwa ein Jahr später (wohl noch vor der Kreuzigung Christi?) von Herodes Antipas in der Festung Machaerus enthauptet worden. Dieses traurige Ende ist nicht nur aufgrund seiner häufigen bildlichen Darstellung in allen Kunstgenres allgemein bekannt, sondern vor allem auch durch die innerfamiliären Intrigen im Hause der Nachkommen des großen Herodes, die ihren Anteil an Johannes' Tod hatten (Stichwort: Tanz der Salome), hier aber nicht im Einzelnen geschildert werden sollen. Aus heutiger Sicht waren es jedoch vor allem politische Gründe, die Antipas zu diesem drastischen Schritt drängten: Er fühlte sich von den Menschenmassen, die sowohl Johannes als auch Jesus üblicherweise um sich versammelten, in seiner Macht bedroht, ja er fürchtete, dass diese einen Aufruhr gegen ihren Herrscher anzetteln könnten. Josephus schreibt, Antipas habe Johannes „rechtzeitig aus dem Weg räumen" wollen, und gleiches geschah bald darauf auch mit Jesus, in diesem Fall nur mit dem Sanhedrin als Drahtzieher.

Nach Aussage der Bibel lebte Johannes als Einsiedler und Prediger in der Wüste und war schließlich derjenige, der Jesus taufte. Jesus hatte ihn bewusst aufgesucht und sich unter seine Anhänger gemischt, manche gehen sogar so weit, Jesus als „Nachfolger" des Johannes sehen zu wollen. Trotzdem sind beide in ihrer Glaubensausrichtung leicht unterschiedlich: Johannes taufte mit Wasser, um (insbesondere bildlich) von den Sünden zu reinigen, aber er heilte nicht – er wirkte eben keine „Zeichen und Wunder". Seine rein rituelle Taufe macht die Täuflinge zu Mitgliedern seiner „Täuferbewegung", die Buße und rituelle Reinheit predigten, während sie das Kommen des Messias herbeisehnten. Bei Jesus dagegen nimmt das Heilen und Toteerwecken einen breiten Raum ein, wodurch er eher als „Wunderheiler" gilt denn als Prediger. In den Reinigungszeremonien Jesu spielt somit neben „lebendigem Wasser" auch heilendes Olivenöl eine Rolle, etwa wenn er den wie auch immer gearteten „Aussatz" mit einer Reinigung behandelte.

Johannes erkannte in Jesus den Messias und bezeugte diese Rolle. Später nahm er von Ferne Anteil an dessen Wirken, etwa indem er Boten schickte, die Informationen über Jesu' Wohl und Wehe einholen sollten. Er wirkte quasi als sein Mentor, obwohl er vieles von dem, was Jesus tat, nicht verstand. Jesus war der Freigeist, Johannes der zivilisationskritische Asket.

Heute ist das auf unserem Bild wiedergegebene Ein Kerem ein kleiner muslimischer Ort in den südwestlichen Außenbezirken von Jerusalem, der von der Landwirtschaft und dem Obstbau lebt. Er liegt an einer der seltenen Wasserstellen in einem bereits ab der Bronzezeit besiedelten, fruchtbaren Areal. Einzelfunde aus römischer Zeit legen eine Nutzung auch in den nachchristlichen Jahrhunderten nahe, ohne dass man jedoch zugehörige Baureste identifizieren könnte. Bereits ab byzantinischer Zeit wurde Ein Kerem als Geburtsort des Täufers verehrt und ist bis heute das Ziel von Abertausenden christlicher Pilger, die die zu Ehren des Täufers bzw. Marias erbauten Kirchen besuchen und am Marienbrunnen (auch hier gibt es einen solchen, nicht nur in Nazaret!) Wasser holen bzw. dieses als Souvenir mitnehmen. Außerdem wird den Pilgern eine Mikwe, ein jüdisches Ritualbad, unter dem traditionellen Geburtshaus des Täufers gezeigt. Am bekanntesten aber ist die Visitatio-Kirche, die 1939 durch den italienischen Franziskanermönch und Architekten Antonio Barluzzi (1884–1960) errichtet wurde. Dieser stammte aus einer Familie von Architekten, die seit Generationen für den Vatikan arbeiteten. Er gilt als der „Baumeister des Heiligen Landes", seinen Entwürfen folgen etwa die noch zu beschreibenden Kirchen auf dem Berg Tabor und dem Berg der Seligpreisungen, aber auch zwei Hospitäler in Jerusalem und Haifa. Auf einem Fresko in seiner Visitatio-Kirche in Ein Kerem hat er sich selbst unter den Anbetenden dargestellt – ganz in der Tradition spätmittelalterlicher Baumeister oder Maler wie Tilman Riemenschneider!

Yardenit – Taufe und Salbung: bedeutende Riten

Eine erst jüngst entdeckte, mit Johannes dem Täufer in Verbindung zu bringende Fundstelle ist die sogenannte Johannes-Höhle im westlich von Jerusalem gelegenen Soba. Der Legende nach hat Johannes hier zeitweise gelebt und wurde hier schon sehr früh nach seinem Tod verehrt. In die Wand der Höhle ist eine recht krude, grobe Graffitodarstellung des Täufers eingeritzt, die jedoch nicht näher datiert werden kann.

In eben dieser Höhle fanden sich auch Belege für ein einzigartiges Salbungsritual, das höchstwahrscheinlich mit Johannes und/oder Jesus in Verbindung zu bringen und ins 1. Jh. v. – 1. Jh. n. Chr. zu datieren ist. Dort gibt es kleine Vertiefungen verschiedener Größe im anstehenden Fels, in die jeweils ein menschlicher rechter Fuß oder ein Salbkrügchen passte. Das Ritual wird folgendermaßen rekonstruiert: Nach der Fußwaschung stellte der zu Salbende seinen Fuß in die längliche Vertiefung und eine zweite Person salbte ihm mit Öl aus dem Krügchen den Fuß. Offensichtlich wurden nicht beide Füße gesalbt, da ein Pendant für die fußförmige Vertiefung fehlt – möglicherweise handelte es sich um eine Art von pars pro toto-Ritual?

Die Salbung war im Judentum allgemein sehr wichtig, man denke an die Salbung Jesu durch Maria in Betanien bzw. durch die unbekannte Frau, die gescholten wird, so viel Geld für Salböl auszugeben, das man besser für die Armen verwendet hätte. Doch ihre Tat ist höchst symbolisch – sie salbt Jesus als neuen König, kurz bevor er verhaftet und verurteilt wird. Überhaupt waren und sind Salbungsrituale besonders im Zusammenhang mit dem Kaiser- oder Königtum in allen Kulturen wichtig. Dementsprechend gab es in der Levante eine große Balsam- und Ölindustrie, insbesondere im Gebiet rund um das Tote Meer. Die dortigen Balsamhaine gehörten, wie alles, was viel Ertrag versprach, zum kaiserlichen Besitz (wie z. B. die Steinbrüche in Ägypten und Nordafrika oder die kaiserlichen Ziegeleien an verschiedenen Orten des Römerreiches).

Die spirituelle Erfahrung einer Taufe im Jordan wirkt bis heute unverändert und ist daher nach wie vor der sehnlichste Wunsch vieler Gläubiger. Dabei ist eine solche Taufe ein sehr persönlicher Akt, den jeder Täufling anders empfindet.

Es ist sicher, dass Johannes an verschiedenen Stellen im Verlauf des Jordans taufte, schon allein um möglichst viele Gläubige zu erreichen (vergleichbar mit den Wanderpredigten Jesu). Aus heutiger Sicht „genügt" die Identifizierung des Jordanlaufs zwischen See Gennesaret und Totem Meer, ohne dass man einen bestimmten Ort benennen muss. Aber es gibt einige denkbare Kandidaten, die um die „Ehre" wetteifern, authentischer zu sein als der Ort am gegenüberliegenden Ufer. Überall, in Israel wie auch in Jordanien, werden derzeit längs des Jordans neue Pilgerzentren errichtet, mit Parkplätzen, tauffreundlichen Einstiegshilfen und Raststätten für die Scharen von Pilgern aus aller Welt, die die Stelle sehen wollen, an der Johannes Jesus taufte – und die sich selbst möglicherweise zum zweiten Mal taufen lassen können.

Am weitesten nördlich liegt Yardenit in der Nähe von Bet Yerah am Südende des Sees Gennesaret, das als „Sacred Site" beworben wird und besonders bei Pilgern aus den USA beliebt ist. Allein Yardenit zählt mindestens 400.000 Besucher pro Jahr, worauf basierend man den gesamten Pilgertourismus in Israel und Jordanien hochrechnen könnte. Hier ist offenbar eine spezielle Einstiegsstelle mit Haltestangen für die Pilger geschaffen worden (siehe unser Bild).

In der Mitte des unteren Jordanlaufs befindet sich das bereits auf der Madaba-Karte verzeichnete, auf der Westseite des Jordans gelegene Aenon bei Salim (Tell Shalem), das zum Hinterland der Dekapolisstadt Bet-Schean/Skythopolis gehörte. Die Pilgerin Egeria belegt, sie habe dort einen kleinen See voll reinstem Wasser gesehen, in dem Johannes getauft habe. Sondagen erbrachten frührömische Keramiklesefunde, aber noch keine zugehörige Bausubstanz.

Auch „Betanien jenseits des Jordan", das nur einmalig im Johannesevangelium so bezeichnet wurde, ist eine solche mögliche Taufstelle. Es dürfte sich um das mehrfach belegte Betabara handeln, das möglicherweise mit dem Wadi al-Kharrar zu identifizieren ist. Dort ist auf jordanischer Seite inzwischen ebenfalls ein Pilgerzentrum entstanden. Dieses „Betanien" darf nicht mit dem gleichnamigen Ort nahe Jerusalem verwechselt werden, der Heimat des Lazarus. Da in der Madaba-Karte eindeutig Betabara und nicht Betanien genannt ist, darf man möglicherweise einen Kopistenfehler im Johannesevangelium für die Doppelung des Namens verantwortlich machen (man denke an das doppelte Vorkommen von Betsaida, vgl. u. S. 56). Es ist dies ein etwa 8 km vom Toten Meer entfernter, biblisch bedeutender Ort: Josua zog von hier aus mit den Israeliten ins gelobte Land und der Prophet Elia teilte hier das Wasser des Jordans und wurde in den Himmel erhoben. Auch die Taufe Jesu durch Johannes wird bisweilen hier angesiedelt.

Susita/Hippos – der Geheimtipp am See Gennesaret

Aus der Bibel ist bekannt, dass Jesus auch in einigen Orten des Dekapolis-Städtebundes (vgl. u. S. 38) predigte und heilte, obwohl er eigentlich nicht gerne die Gebiete der „Heiden" aufsuchte. Was ihn aber doch dazu bewegte, war die Tatsache, dass in diesen Orten neben Phöniziern, Griechen und Römern (den „Heiden") immer auch Juden und andere Semiten lebten, denen er seine Aufmerksamkeit nicht vorenthalten wollte. Die dem Tätigkeitsgebiet Jesu' am nächsten gelegene Stadt des „Zehn-Städte-Bundes" ist Susita/Hippos am südöstlichen Ufer des Sees Gennesaret. Umso mehr erstaunt das Fehlen ihres Namens in der Bibel und anderen Schriftquellen.

Tatsächlich ist Susita eine der weniger bekannten, stark hellenisierten Dekapolisstädte am Südostufer des Sees, die bis heute als archäologischer Geheimtipp gelten muss. Zwar wurde die antike Ortslage bereits gegen Ende des 19. Jhs. von Gottlieb Schumacher entdeckt, der den Platz aber fälschlich als Gadara (oder sogar Gamla?) identifizierte. Erst nach einem weiteren halben Jahrhundert setzte dann in den 1950er-Jahren die berühmte Golan-Forscherin Claire Epstein den Spaten auf dem „Pferdehügel" (Hippos) an und sicherte die grundlegendsten Fakten. Seit dem Jahr 2000 wird Susita von einem Team der Universität Haifa in Zusammenarbeit mit anderen Institutionen ausgegraben. Mittlerweile haben diese die 13. Kampagne erfolgreich abgeschlossen. Die meisten der ergrabenen Bauten entstammen der byzantinischen Epoche, aber auch einige frührömische Funde wurden verzeichnet. Unser Bild zeigt eine der Hauptstraßen von Susita bei Sonnenuntergang.

Der volle antike Stadtname lautet Antiochia Hippos bzw. latinisiert Antiochia ad Hippum. Dieser Name geht angeblich auf die charakteristische, an einen Pferdekopf erinnernde Form des Siedlungshügels zurück (gleiches gilt für Gamla, das als „Kamelrücken" angesprochen wurde; vgl. u. S. 58). Sowohl das griechische Wort *Hippos* als auch das aramäische *Susita* bedeutet Pferd bzw. Stute. Dementsprechend führte die in seleukidischer Zeit im 2. Jh. v. Chr. gegründete Stadt auch ein Pferd oder einen Reiter als Symbol auf ihren Münzen. Wie alle Dekapolisstädte war Susita stark hellenisiert und bildete einen deutlichen Gegensatz zur uns so geläufigen Welt der Fischer am gegenüberliegenden Seeufer.

Der Stadthügel von Susita liegt nur 2 km vom See Gennesaret entfernt, war seit der frührömischen Zeit mit einer Stadtmauer umschlossen und besaß einen hervorragenden Blick auf die umliegende Landschaft. Auf der Bergkuppe dieses Golanausläufers stehen maximal etwa 650 x 200 m besiedelbare Fläche zur Verfügung, die allerdings erst in Ansätzen ausgegraben ist. Susita besaß einen eigenen Hafen, von dem sich Reste nördlich des Kibbuz Ein-Gev erhalten haben könnten. Dies würde bedeuten, dass auch dieser Ort am Fischreichtum im See Gennesaret partizipierte und Fischerei betrieb. Außerdem ist intensive Landwirtschaft im Umland der Stadt (der *chora*) nachgewiesen. Beispielsweise schwärmte schon Plinius d. Ä. von der Qualität der Oliven aus der Dekapolis.

In der Mitte des rechtwinkligen, an die natürlichen Gegebenheiten angepassten Straßensystems liegt ein gepflasterter Platz, unter dem sich ein großes, tonnengewölbtes Wasserreservoir befindet. Der Kaiserkulttempel im Westen dieses Platzes ist sicher erst ins 2. oder 3. Jh. n. Chr. zu datieren. Obwohl Susita als heidnische Stadt galt, gab es dort auch immer einen gewissen Anteil an jüdischen Bewohnern. Doch auf diese waren die „Heiden" nicht gut zu sprechen, seit nach Aussage des Josephus der Hasmonäer Alexander Jannaios Hippos um 80 v. Chr. erobert und die Bevölkerung gezwungen hatte, zum Judentum zu konvertieren. In herodianischer Zeit kam es dann zu der kuriosen Situation, dass Susita mit dem jüdischen Tiberias am Westufer zwar zutiefst verfeindet war, der Hauptstadt des Antipas aber gleichzeitig das lebensnotwendige Getreide lieferte! Nachdem im 1. Jüdischen Aufstand die Rebellen unter Justus von Tiberias (übrigens einer der ärgsten Gegner unseres Gewährsmannes Flavius Josephus!) einige Dörfer im Hinterland von Susita geplündert und zerstört hatten, rächten sich die Stadtbewohner an ihren eigenen jüdischen Nachbarn, indem sie diese verfolgten, ins Gefängnis warfen oder sogar umbrachten.

Die Blüte der Stadt setzte erst nach dem 2. Jüdischen Aufstand unter Kaiser Hadrian zu Beginn des 2. Jhs. n. Chr. ein. Susita wurde mit allen möglichen Bauten städtischer Infrastruktur versehen und erhielt sogar ein Aquädukt und ein Theater samt Odeon. Der früheste Nachweis des Christentums in Susita gelang für das 4. Jh. n. Chr. und für die byzantinische Zeit ist die enorme Zahl von sieben Kirchenbauten nachgewiesen. Aus der Jesuszeit gibt es bislang nur wenige Spuren, obwohl mit der „Stadt auf dem Hügel", einer Metapher aus der Bergpredigt, der Vorstellung einiger Wissenschaftler zufolge durchaus Hippos gemeint sein kann. Andererseits ist Susita wahrlich nicht die einzige Stadt, die rund um den See Gennesaret einen solchen Beinamen verdienen würde! Nach einem verheerenden Erdbeben im späten 8. Jh. wurde die Stadt aufgegeben und nicht wieder besiedelt.

Gerasa – „…die Schweine der Gadarener"

Hier einige Worte zur bereits angesprochenen Dekapolis: Es handelte sich um einen lockeren Bund von etwa zehn Städten (*Deka-polis*) nach dem Vorbild der griechischen Poleis mit weitgehender Selbstverwaltung, eigener Rechtsprechung und Münzprägung. Diese befinden sich mit Ausnahme des knapp westlich des Flusses liegenden Skythopolis/Bet-Schean alle östlich des Jordans und unterstanden der römischen Provinz Syria. Zu datieren sind die meisten ab späthellenistischer Zeit; sie existierten bis in die Spätantike. Die Dekapolis war nie eine offizielle politische Einheit, besaß aber zeitweise deutlich mehr als zehn Mitglieder. Als 63 v. Chr. Pompeius das Gebiet eroberte, feierten ihn die Bewohner als Befreier von den Hasmonäern. Zu seinen Ehren rechneten sie von diesem Zeitpunkt an statt bisher in hasmonäischen Herrscherjahren bis weit in die Spätantike hinein nach der „pompeianischen Ära". Die Folge war eine starke Romanisierung: Spätestens im 2. Jh. n. Chr. wurden die Städte meist nach rechtwinkligem Stadtplan (*cardo/decumanus*) konzipiert, begleitet von der Errichtung von Tempeln (bes. auch solche, die dem Kaiserkult galten). Diese Entwicklung verläuft für alle Städte der Dekapolis leicht unterschiedlich, ist im Großen und Ganzen aber gut vergleichbar.

Es handelte sich durchweg um heidnische Städte mit einem unterschiedlich großen Anteil an jüdischen Bewohnern, die in einem sonst weitgehend hellenisierten Umfeld lebten. In manchen Dekapolisstädten fällt eine frühe Annahme des Christentums auf, so etwa in Pella, wohin laut Eusebius die Apostel vor dem 1. Jüdischen Aufstand flüchteten. In späterer Zeit sind viele dieser Orte Bischofssitze, die meisten besitzen mehrere Kirchen, was auf ein intensives christliches Leben hinweist.

Für Jesus wichtige Dekapolisstädte waren Susita, Gadara und Skythopolis, selbst wenn nicht alle diese Orte namentlich in der Bibel genannt sind. So ist beispielsweise fast sicher davon auszugehen, dass er auf dem Weg nach Jerusalem durch Skythopolis zog, obwohl der Name nirgends erwähnt wird. Gadara war in der Antike eine weitaus bedeutendere Stadt als etwa Hippos und trug stolz den Beinamen „*polis hellenis*", also „griechische Stadt". Weitere bedeutende Dekapolisstädte sind Gerasa (unser Bild zeigt das einzigartige „Ovale Forum" vor dem dortigen Zeustempel), Abila, Pella und Damaskus.

Zuletzt sei noch ein näherer Blick auf Kursi, den möglichen Hafen von Gadara, und das Wunder der Dämonenaustreibung durch Jesus hinein in eine Schweineherde geworfen. Dieses Wunder ist aufgrund der expliziten Nennung der Schweine sicher in der stark heidnischen Dekapolis anzusiedeln – nur weiß man leider nicht genau, in welcher der Städte es stattfand. Die Synoptiker machen hierfür unterschiedliche Angaben: Sowohl Gadara als auch Gerasa werden genannt, sowie das noch nicht sicher zu lokalisierende Gergesa, das seit dem 3. Jh. n. Chr. oft mit Kursi gleichgesetzt wird. Während Gerasa zu weit vom Einzugsgebiet Jesu entfernt liegt, kommen die beiden anderen Orte dagegen in Frage. Wie dem auch sei: Jesus traf auf seinem Weg in die Stadt einen oder zwei Besessene (die Quellen sind auch hier nicht einheitlich), die in den außerhalb der Stadtgrenze gelegenen Gräbern hausten. Diese Männer baten Jesus darum, sie von ihren Dämonen zu befreien und boten die in der Nähe weidende Schweineherde als neuen „Wirt" für sie an. Jesus sprach also „Geht!" und die Dämonen fuhren in die Schweine, die sich über einen Abhang in den See stürzten und dort ertranken. Die Schweinehirten aber baten Jesus daraufhin, weiterzuziehen, denn er hatte gerade ihre Lebensgrundlage in Form der Schweine vernichtet. Soweit die Mirakelgeschichte. Interessant sind nun zwei Dinge: Zunächst ist, wie schon erwähnt, bemerkenswert, dass es sich ausgerechnet um eine Schweineherde handelte, denn für Juden sind diese Tiere unrein. Daher muss die Herde aus einer „heidnischen" Stadt stammen, weshalb eine Verortung in der Dekapolis naheliegt. Zweitens wird der Name des (der?) Dämonen mit „Legion" angegeben, einem Begriff aus dem römischen Militär, der in diesem Zusammenhang die Besatzungsmacht symbolisieren soll.

Kursi liegt am Ostufer des Sees Gennesaret ziemlich genau gegenüber von Tiberias. Es wird vermutet, dass dieser Ort der Hafen des weiter im Landesinneren gelegenen Gadara gewesen sein könnte, da es dort für ein „Dorf" viel zu große Hafenanlagen, Wellenbrecher und Fischbecken gab, was wiederum darauf hinweist, dass Kursi enge Kontakte zum Hinterland hatte. Der Ort diente in osmanischer Zeit und sicher auch schon früher als eine Art „Wegstation" für Reisende aus dem Osten, die über den See nach Tiberias wollten. Trotzdem ist Kursi vor allem für seine große byzantinische Basilika mit angrenzendem Kloster bekannt. Nur in ihren Seitenschiffen und Nebenräumen haben sich geometrische Mosaiken („Teppichmuster") erhalten, außerdem eines mit langer griechischer Inschrift aus dem Jahr 585. Eine im Klosterkomplex gefundene Ölpresse weist auf die Herstellung von (liturgischem?) Olivenöl hin. 200 m südöstlich der Basilika befindet sich ein zum See hin ausgerichteter Geländesporn, der zur Beschreibung des Schweinewunders passen würde. Dort wurde zur Erinnerung im 5. Jh. eine halb in den Fels geschlagene, halb gemauerte Kapelle eingerichtet.

Kana – ein Hochzeitssaal als Pilgerziel

Eines der ersten „Wunder" Jesu in Galiläa war die Vermehrung des zur Neige gehenden Weins bei der sprichwörtlich gewordenen „Hochzeit von Kana". Auch einer der Jünger Jesu, Nathanael, stammte vermutlich aus Kana. Wie so oft wetteifern auch im Falle von Kana zwei in unmittelbarer Nachbarschaft von Nazaret liegende Orte, Khirbet Kana und Kafr Kenna, darum, der tatsächliche Schauplatz der biblischen Geschichte zu sein. Das dritte, im Libanon gelegene Kana soll hier unberücksichtigt bleiben, selbst wenn dessen Bewohner angesichts der durch Pilger zu erzielenden Einkünfte gerne auch ihren Ort als den „einzig richtigen" anpreisen.

Das „wahrscheinlichere" Kana, Khirbet Kana, liegt ca. 14,5 km nördlich von Nazaret im geografisch bedeutenden Bet Netofa-Tal. Unser Bild zeigt die galiläische Hügellandschaft nahe Kana. Ausgehend von einem Survey werden dort seit 1998 Ausgrabungen durchgeführt, die noch nicht abgeschlossen sind. Man fand die Überreste eines bis zum 1. Jüdischen Aufstand bewohnten rein jüdischen Dorfes, dessen Lage einen guten Blick über die Umgebung bietet. Dies machte sich auch Flavius Josephus zu Nutze, der den Ort zu seiner Zeit als militärischer Kommandant in Galiläa im 1. Jüdischen Aufstand als Aussichtsposten nutzte. Die Siedlungsspuren in Khirbet Kana reichen vom 5. Jh. v. Chr. bis ins 17. Jh., ab da fanden sich nur noch geringe Spuren bzw. Störungen bis heute. Das einstige Pilgerziel war aufgegeben worden.

Die Siedlung besteht aus einer Akropolis und einer Unterstadt; beides ist umgeben von Umfassungsmauern. Ein deutlicher Siedlungsschwerpunkt liegt in frührömischer Zeit, in die etwa 1/5 der gefundenen Keramik datiert werden kann. Die Mehrzahl der lokalen Gebrauchskeramik stammt aus den galiläischen Werkstätten Kfar Hananya und Kfar Shikhin. Sogar einige Glasgefäße konnten nachgewiesen werden, außerdem Fehlstücke, die auf örtliche Glasfabrikation hinweisen. Des Weiteren gibt es eine mit Gamla vergleichbare Synagoge, Ritualbäder (Mikwaoth, Plural von Mikwe) und rituell reine Steingefäße, wie sie auch bei der Geschichte um die Hochzeit von Kana eine prominente Rolle spielten. Die Wasserversorgung erfolgte über Zisternen, die sich vor allem auf der Akropolis fanden. Aufgrund der ausgeprägten Hanglage vermutet man aufeinander aufbauende Hausbauten (sogenanntes *stepped housing*). Auf drei Seiten ist der Ort von (noch nicht erforschten) Gräbern umgeben, die seine ursprüngliche Ausdehnung umschreiben und ihn sogar etwas größer als Nazaret erscheinen lassen. Man vermutet um die 750–1400 Einwohner im 2. Jh. n. Chr.

Ab der Spätantike (spätestens dem 3. Jh. n. Chr.) entwickelte sich der Ort zu einem Pilgerziel, an dem interessierten Christen in einem Höhlensystem die angeblich authentische Stelle des biblischen Weinwunders gezeigt wurde. Graffiti weisen auf einen regen Besucherstrom, die Ausstattung mit Putz und Goldauflage auf eine herausragende Stellung des Ortes spätestens im 6. Jh. Dafür spricht auch die Häufung von Pilgerfahrten in der Kreuzfahrerzeit. So wird der Ort beispielsweise im Pilgerbericht des Angelsachsen Saewulf erwähnt.

Kafr Kenna liegt im Gegensatz dazu 5,6 km nordöstlich von Nazaret. Ausgrabungen ab 1997 legten eine byzantinische Kirche frei, unter der sich ein Mosaik des 3. Jhs. n. Chr. befand. Auch hierbei wurden angeblich eindeutig frühe Steingefäße gefunden. Doch belegen die Funde von Steingefäßen bestenfalls die Anwesenheit von Juden, nicht aber, dass Kafr Kenna das „echte" Kana wäre.

1566 wurde hier die erste griechisch-orthodoxe Kirche errichtet, die zahlreiche Pilger anzog, und in der Folgezeit kam es erstmals zu Verwechslungen der beiden Kanas. Frater Francisco Quaresmio war der erste Besucher, der 1626 wegen der Lokalisierung verunsichert war. Er führte zudem die orthodoxe Kirche auf einen von der Kaiserin Helena gestifteten Vorgängerbau zurück – eine weitere der vielen angeblich von Helena gegründeten Kirchen (vgl. u. S. 56). Noch im 17. Jh. wurden von den Franziskanern hier erste Verhandlungen zum Landkauf eingeleitet, die 200 Jahre dauern sollten. Dies ist normalerweise als „untrügliches" Zeichen für die Authentizität eines Orts (vgl. Kapernaum) zu werten, erwies sich in diesem Fall jedoch als teurer Irrtum. Die heute für den Ort charakteristische Kirche entstand erst 1881 und wurde ebenfalls von den Franziskanern erbaut.

Nach neuesten Untersuchungen der relevanten Pilgerberichte bestätigten alle vergleichsweise „frühen" Quellen wie Josephus oder Hieronymus bis zu den Kreuzfahrern die Identifikation des biblischen Kana mit Khirbet Kana, während solche, die Kafr Kenna sicher identifizieren wollten, erst ab dem 14. Jh. datieren. Während Verwechslungen vor der Kreuzfahrerzeit nicht vorkamen, werden sie ab dem Spätmittelalter die Regel.

See Gennesaret – Fische im Zentrum des Interesses

Beinahe symbolisch wirkt dieses Bild mit den beiden Fischern im Sonnenuntergang – es war und ist seit Jahrtausenden am See Gennesaret Realität. Die Überreste von Netzen und Angelhaken bezeugen, dass die Menschen früherer Zeiten ebenso die Buntbarsche und kleinen Sardinen aus dem See holten wie heute. Bekanntlich verwendet Jesus in seinen Gleichnissen häufig Bilder aus dem Alltag der Menschen, wie etwa aus dem Baugewerbe, das er ja von seinem Vater gut kannte. Die andere häufig herangezogene Quelle ist die Schifffahrt auf dem See Gennesaret, ohne die sein ganzes Wirken undenkbar ist.

Auch die Beschreibung der Wetterphänomene in den Evangelien ist korrekt, wie etwa hohe Wellen, die das Boot fast zum Untergang bringen, Fallwinde und plötzliche Stürme – alles dies sind Dinge, die für den See aufgrund seiner speziellen natürlichen Lage im Kessel der umgebenden Berge ganz normal sind. Obwohl wir es hier mit Schifffahrt auf einem vergleichsweise kleinen Binnensee und nicht auf dem Mittelmeer zu tun haben, gibt es trotzdem zahllose Herausforderungen, auf die die Bootsbauer mit speziell konstruierten Bootstypen eine Antwort finden mussten. Sie passten etwa den Vordersteven mit einem Wellenbrecher den lokalen Erfordernissen an, was überall da nötig war, wo heftige Winde Schiffe vom Kurs ablenkten – diese Neuerung ermöglichte es, gegen den Wind zu kreuzen.

Entlang des Ufers entstanden bereits in vorgeschichtlicher Zeit zahllose Häfen und Anlegestellen, wie sie auch in der Bibel oft genannt sind. Als archäologischer Nachweis dienen Fischfangzubehör wie Angelhaken oder Netzsenker, aber auch komplette Boote (vgl. u. S. 44) bzw. deren Bestandteile, z. B. Anker. Wie nicht anders zu erwarten, wurden diese Gegenstände unmittelbar am See selbst hergestellt, wie das Halbfabrikat eines Angelhakens aus Betsaida beweist.

In allen Quellen wird der See Gennesaret für seinen Fischreichtum gerühmt. Viele Familien lebten dort vom Fischfang, andere von der Weiterverarbeitung der gefangenen Fische, die sie pökelten (in Zeiten ohne Kühlungsmöglichkeit die einzige Form der Haltbarmachung von Nahrungsmitteln) und wieder andere davon, diese Fischprodukte weiterzuverkaufen. Dabei galten auch hier die jüdischen Speisegesetze: Nur Fische mit Schuppen durften gegessen werden – besonders beliebt war der Gennesaret-Buntbarsch oder Petersfisch, *Tilapia galilaea*, arabisch *musht* genannt.

In bestimmten Orten entwickelte sich eine regelrechte Fischindustrie wie in Magdala, dessen griechischer Name *Tarichaea* nichts anderes bedeutet wie „Fischpökelei". Der aramäische lautet *Migdal Nunia*, was mit „Turm der Fische" übersetzt werden kann. Dieser lange Zeit in Vergessenheit geratene Ort wird zurzeit wieder großflächig ausgegraben. Dabei zeigt sich der Ort zunehmend als wohlhabende Handelsstadt voller bemerkenswerter Funde (u. a. Holzgefäße in Feuchtbodenerhaltung, vgl. Cave of Letters).

Die sogenannte *villa urbana* von Magdala wurde dagegen bereits 1977 ausgegraben, wobei das berühmte, ein Handelsschiff darstellende Bodenmosaik zu Tage trat. Weitere, nur thematisch mit diesem verbundene Motive sind Körbe eventuell für den Warentransport, Badegerätschaften, ein Fisch (vermutlich ein Wels?) und ein Kantharos (Trink- oder Tischgefäß). Das Mosaik kann wohl ins 1. Jh. n. Chr. datiert werden und schmückte den Eingangsbereich des Hauses eines reichen Händlers, der seinen Besuchern sein Metier bildlich vorstellen wollte. Nicht nur das übrige Galiläa und die Dekapolis, sondern der gesamte Mittelmeerraum waren Ziel solchen Handels und es sind im 2. Jh. n. Chr. möglicherweise sogar Fische aus dem See Gennesaret bis nach Rom gelangt. Jedenfalls hatte Tiberias eine eigene Handelsfaktorei (*statio*) in Ostia und neben Öl, Balsam, Datteln, Leinwand oder Glas könnten auch die Fischereiprodukte aus Magdala zu den begehrten Handelsgütern gehört haben.

Magdala verfügte über vergleichsweise umfangreiche Hafenanlagen, die neben denjenigen von Kapernaum mit zu den größten am nordwestlichen Seeufer gehörten. Wahrscheinlich fand in Magdala auch Garumproduktion statt, einer der wichtigsten Zweige der römischen Fischereiwirtschaft, denn kein römischer Haushalt konnte auf diese Würzsauce verzichten. Wenn es aus Fischen *mit* Schuppen gemacht ist, kann Garum auch koscher sein, doch trotzdem importierte König Herodes d. Gr. sich spezielle „Marken" aus Spanien, wie in Masada gefundene Amphoren mit der Aufschrift *„Garum für den König"* nahelegen. Vielleicht war ihm das einheimische nicht exquisit genug?

Aufgrund der Bootsform ist auf dem Mosaik sicher ein Handelsschiff und kein Fischerboot gemeint, und trotzdem wird es oft mit dem (Fischer-)boot von Ginosar (s. u. S. 44) verglichen. Dies betont einmal mehr die Tatsache, dass auf dem See nicht nur Fischer unterwegs waren (mal ganz abgesehen von den heutigen Touristenbooten!) – man transportierte Waren, aber auch Personen ans Ostufer. Die Dekapolis war sicher für viele ein Ziel, das mit dem Boot einfacher zu erreichen war als auf dem Landweg rund um das Nordende des Sees, wo es kaum Furten über den Jordan gab. Auch Jesus zog bekanntlich für manche seiner Reisen den „Seeweg" vor.

Ginosar – das Große Wrack-Puzzle

Das Wrack eines antiken Fischerbootes wurde im Januar 1986 bei Niedrigwasser in einem normalerweise unter Wasser liegenden Küstenabschnitt im See Gennesaret entdeckt, genau in der Mitte zwischen Magdala und dem Kibbuz Ginosar. Schnell stellte sich seine frührömische Datierung heraus – es befuhr sicher zu Zeiten Jesu' den See, auch wenn man natürlich nicht mehr bestimmen kann, wem es einst gehörte. Trotzdem wurde es sofort nach der Entdeckung zur Touristenattraktion und erhielt den Spitznamen „Jesusboot", womit nicht alle an der Entdeckung Beteiligten glücklich waren.

Die C14-Datierung weist das Boot eindeutig ins 1. Jh. v./n. Chr., wobei das Datum der Fällung des Bauholzes um 40 v. Chr. ± 80 Jahre angesetzt wird. Auch die spezielle Bautechnik in Schalenbauweise mit Zapfenverbindung, bei der die Planken mit Nut- und Federkonstruktion befestigt, die Spanten aber genagelt wurden, ist nur bis in byzantinische Zeit belegbar. Die erhaltenen Maße betragen 8,2 x 2,3 m bei einer erhaltenen Höhe von 1,2 m. Man kann vermuten, dass das Boot einstmals von mindestens fünf Mann Besatzung bedient wurde, nämlich zweimal zwei Ruderern und einem Steuermann. Daneben besaß es, wie in der Antike üblich, zusätzlich ein Segel. Häufig wird das schon erwähnte Mosaik von Magdala zum Vergleich herangezogen, wenn es darum geht, sich das Boot „in Aktion" vorzustellen.

In unmittelbarer Nähe des Bootes bzw. in seinem Rumpf fanden sich einige wenige Kleinfunde herodianischer Zeit: Ein Kochtopf und eine Lampe, die jedoch beide nicht als einzige Datierungskriterien für das Boot gelten, da sie auch angeschwemmt worden sein könnten. Am spannendsten aber ist eine eiserne Pfeilspitze, die sich im Schlamm nahe der Innenseite einer Planke fand. Sie beweist, dass das Ginosar-Boot zu den 230 Booten gehörte, die Flavius Josephus requirierte und mit denen er eine denkwürdige Seeschlacht gegen die Römer auf dem See führte. Er hatte quasi die ganze galiläische Flotte mit insgesamt 40.000 Mann Besatzung zusammengezogen, will man seinen oftmals übertriebenen Zahlenangaben glauben.

Nur der untere Bereich des Bootes war durch den Schlamm konserviert worden, alle etwaigen ehemals an der Luft befindlichen Teile sind verloren und nur durch die Vielzahl von Eisennägeln belegt.

Ungewöhnlich ist die Tatsache, dass man Hölzer von zwölf verschiedenen Bäumen für die Konstruktion bzw. Flickung des Bootes verwendet hatte: Libanonzeder für die Verschalung, Eiche für die Rahmen, darüber hinaus Christusdorn, Weide, Aleppokiefer, Johannisbrotbaum, Weißdorn, Judasbaum, Lorbeer, Platane, Feigenbaum und Pistazie. Diese große Anzahl an Hölzern belegt zwei Dinge: Zum einen wurde das Boot immer wieder mit Holz repariert, das gerade zur Hand war, zum anderen gab es offenbar einen Mangel an geeignetem Bauholz, weshalb man auf so seltene und im Bootsbau unübliche Holzarten wie Lorbeer oder Platane zurückgreifen musste. Auch Bauteile von älteren Schiffen wurden wiederverwendet, und genau das war auch das Schicksal des Gefährts, als es schließlich unterging: Es wurde als „Ersatzteillager" für neue Boote benutzt. Möglicherweise wurden auch die Aufbauten schon in der Antike entfernt und für ein neues Boot verwendet, denn es ist eindeutig festzustellen, dass das Boot an einem Sycamorenstumpf festgebunden war und ausgeschlachtet wurde.

Vor der Bergung stellte sich die große Frage, ob es möglich sein würde, das Boot en bloc zu bergen, oder ob es in kleinere Segmente unterteilt und erst später wieder zusammengesetzt werden müsste. Da das Holz nur nach außen hin stabil wirkte, in Wirklichkeit aber schwammartig und weich war, entschied man sich für die kompliziertere Blockbergung mittels Polyurethanschaum, der das Wrack schließlich komplett einhüllte. Es musste unbedingt vor dem Austrocknen geschützt werden, da sonst die Form nicht zu erhalten gewesen wäre. Zur Stützung wurden Fiberglasrippen eingezogen.

Darauf folgte die jahrelange Konservierung durch Einlagerung in ein Becken mit Polyethylenglykol – man muss sich den Prozess als einen Austausch des Wassers im Holz gegen eine Konservierungslösung vorstellen, die das Schrumpfen des Holzes verhindern sollte. Um dem großen Interesse von Seiten der Touristen entgegenzukommen, war das Konservierungsbecken mit einer durchsichtigen Glaswand versehen. Insgesamt dauerte die Bergung und Konservierung neun Jahre und einmal musste man sich sogar der Mithilfe von Goldfischen bedienen, die sich bei der Bekämpfung von Moskitolarven im Konservierungsbecken nützlich machten – schließlich konnte man keine Insektizide einsetzen!

Heute ist das Boot, wie auf dem Bild zu erkennen, im Beit Yigal Allon-Museum des Kibbuz Ginosar auf einer speziell angefertigten Stützkonstruktion ausgestellt. Es ist die Touristenattraktion, da es das einzige jemals aus dem See Gennesaret geborgene Boot ist. Die durchscheinenden türkisblauen Glasplatten symbolisieren das Wasser des Sees Gennesaret, der das Boot einst trug. Ein originalgetreuer Nachbau ist im Bibelhaus Erlebnismuseum Frankfurt zu sehen.

Kapernaum – Jesu Wahlheimat

Neben Jerusalem ist Kapernaum einer der wichtigsten Orte der Jesusgeschichte, der so oft wie kein anderer außer Jerusalem in der Bibel genannt ist. Er liegt am Nordwestufer des Sees Gennesaret und wäre wohl ohne die Heilige Schrift nur eine der vielen kleinen Siedlungen am See geblieben – stattdessen ist Kapernaum heute eine der am besten untersuchten Ortslagen des römischen Palästina. Aus dem Blickwinkel der Römer spielte der Ort keine Rolle. Denn auch Josephus weiß nur zu berichten, dass er bei der Überquerung des Jordan mit seinem Pferd stürzte, sich verletzte und nach Kapernaum zur Versorgung gebracht wurde. Ansonsten erwähnt er nur noch eine Quelle in der Nähe der Ortschaft.

Der Platz am Seeufer war bereits ab der Perserzeit besiedelt, erlebte seine Blüte aber in hellenistisch-römischer Zeit und weist Kontinuität bis in osmanische Zeit auf. Er wurde schon sehr früh als das biblische Kapernaum identifiziert und ab 1856 archäologisch untersucht. Besonders intensiv waren die Forschungen im 20. Jh., nachdem die Franziskaner einen Großteil des antik besiedelten Areals 1894 käuflich erwerben konnten. Als einer der ersten Bauten wurde die Synagoge freigelegt (s. u. S. 48), gefolgt von der „insula sacra" und weiteren Wohnarealen. Auch im östlich benachbarten, der griechisch-orthodoxen Kirche gehörenden Areal wurde ab den 1970er-Jahren ausgegraben.

Der Ort war selbst während seiner Blütezeit nicht sehr groß und hatte eine Einwohnerschaft von geschätzt um die 1.000 Personen, was für das 1. Jh. n. Chr. durchaus viel war, sich aber trotzdem noch weit von entwickelten Städten wie Sepphoris oder Tiberias absetzte. Er erstreckte sich etwa 300 m weit entlang des Seeufers. Das Siedlungsareal war in leicht unregelmäßige *insulae* von ca. 25 x 25 m Seitenlänge eingeteilt, die keinen absolut rechtwinkligen Grundriss aufweisen. Es handelte sich wohl jeweils um größere, ummauerte Hofhäuser für einzelne Familienverbände (inkl. Knechte etc.), wobei etwaige Stallungen und Werkstätten mit inbegriffen waren. Keines dieser Hofhäuser wies eine eingebaute Mikwe auf – eine Besonderheit, die mit der unmittelbaren Nähe des Sees, also „lebendigen Wassers", begründet wird.

Die in Kapernaum ansässigen Menschen lebten vom Fischfang und der Landwirtschaft, aber auch von Handwerk und Produktion. Darauf weist der in *insula 2* zu Tage getretene Depotfund von 14 Glasgefäßen sowie Rohglas (?) oder Abfällen der Glasproduktion hin, der ans Ende des 1. oder den Anfang des 2. Jhs. n. Chr. zu datieren ist. Offenbar hat man auch hier – wie in Khirbet Kana – einfachere Gebrauchsgläser vor Ort aus angeliefertem Rohglas hergestellt.

Innerhalb der *insulae* baulich hervorgehoben ist die so genannte „*insula sacra*", die schon früh mit dem Haus des Apostels Petrus identifiziert wurde – nicht, weil irgendein Fund oder eine Inschrift darauf hingewiesen hätten, sondern weil diese Räumlichkeiten noch im 1. Jh. n. Chr. im Vergleich zu den übrigen am Ort eine abweichende Behandlung erfuhren. Hatte sich das Haus zunächst in nichts von seiner Umgebung unterschieden, so wurden jetzt die aus Basalt bestehenden Wände des größten Zimmers weiß getüncht, was in diesem Umfeld absolut singulär ist. Ebenso wurde der Kiesboden durch Putz geglättet; in diesem fanden sich Fragmente herodianischer Lampen. Auf die verputzten Wände malte man christlich-jüdische Symbole.

Spätestens im 4. Jh. n. Chr. wurde das Gebäude dann eindeutig zu einer christlichen Hauskirche umgebaut. Graffiti an den Wänden belegen, dass im Laufe der Jahrhunderte nie in Vergessenheit geraten war, wessen Haus dies war und wer hier als Gast beherbergt wurde. Das Gebäude wandelte sich zum Pilgerziel und im 5. Jh. n. Chr. endgültig zur Kirche, als man den oktogonalen, ursprünglich als Wasserbecken interpretierten Bau darüber errichtete, den unser Bild zeigt. Er war mit Mosaiken ausgelegt und mit einem Baptisterium in der kleinen Apsis auf der Ostseite versehen. Über dieser byzantinischen erhebt sich inzwischen die moderne Kirche, die auf Stelzen so erbaut ist, dass man unmittelbar über dem Vorgängerbau den Gottesdienst feiern kann, ohne die antike Bausubstanz zu beeinträchtigen (s. Bild gegenüber).

Kapernaum besitzt neben Magdala den größten Hafen am See Gennesaret, was auf ein großes Verkehrsaufkommen an Fischer- und Handelsbooten hinweist. Während viele seiner Einwohner ihr Geld mit dem mittlerweile über den Eigenbedarf hinausgehenden Fischfang verdienten, gab es sicher an der Grenze der Reiche des Herodes Antipas und Herodes Philippus sowie der Dekapolis auch reichlich Personen- und Warentransport auf die Nord- und Ostseite des Sees.

Im Bereich des Hafens wird sich auch die Zollstation von Kapernaum befunden haben, die im Markusevangelium erwähnt wird, denn an einem so neuralgischen Treffpunkt dreier Reiche wurden natürlich Zölle erhoben. Gerade am Nordende des Sees war man weitgehend auf Schiffstransport angewiesen, da der Bereich des Jordanzuflusses in den See nur schwer passierbar war. Die dortigen Sümpfe waren schon für einen einzelnen Reiter schwierig zu bewältigen, wie die Geschichte von Josephus' Unfall beweist, umso mehr aber für Gruppen oder Warentransporte auf dem Rücken von Eseln oder Dromedaren.

Kapernaum – Synagoge mit Medusa

Die imposante sogenannte „weiße" Synagoge von Kapernaum gehört zu den schönsten und am besten erhaltenen Gebäuden dieser Funktion in Israel. Bereits 1838 durch Edward Robinson aufgrund der sichtbaren obertägigen Reste korrekt als Synagogenbau identifiziert, wurde sie über lange Zeit von den Anwohnern als Steinbruch missbraucht. Als die Franziskaner das Gelände 1894 aufkauften, bedeckten sie die noch erhaltenen Reste mit Erde, um sie vor erneuten Zugriffen zu schützen. Doch bereits 1905 erfolgten weitere Ausgrabungen durch H. Kohl und C. Watzinger, und ab diesem Zeitpunkt war die Synagoge von Kapernaum regelmäßig Gegenstand der Forschung und Restaurierung durch verschiedene Institutionen.

Ihre Überreste liegen nicht weit vom See entfernt genau in der Achse des bebauten Gebiets von Kapernaum (allerdings nur vom franziskanischen Teil aus gerechnet!) als visueller Mittelpunkt, auf den auch die Hauptstraße zulief. Die Synagoge ist ziemlich genau nach Jerusalem ausgerichtet – interessant ist die gegenüber dem Vorgängerbau nur um wenige Grad verschobene Achse. Das Gebäude ist basilikaartig dreigeteilt: Kern ist der rechteckige Gebetsraum, daran schließt im Osten ein durch eine einzige Tür zugänglicher, nicht völlig rechtwinkliger Hof mit Säulenstellungen an den drei vom Gebetsraum abgewandten Seiten an. Entlang der nach Jerusalem ausgerichteten Südfront verlief eine auf beiden Seiten durch Treppen erschlossene Vorhalle. Der Synagogeninnenraum war mit mehrfarbigem Putz verkleidet, dazu kommt reicher pflanzlicher und tierischer Reliefschmuck – Fabelwesen wie eine Medusa und ein Hippokamp, Löwen, sogar ein (kaiserlich-römischer?) Adler ist zu sehen.

Und doch ist dies nicht diejenige Synagoge, die Jesus kannte und in der er predigte, denn der Bau entstand erst in spätantiker Zeit (Ende des 4. Jhs. n. Chr.), allerdings mit eindeutiger Rücksichtname auf den älteren Vorgängerbau, der unter den Fundamenten erhalten ist. Daher scheint eine Kultkontinuität am Ort wahrscheinlich zu sein, denn die spätantiken Baumeister achteten genau darauf, die alten Mauerreste zu konservieren. Natürlich kann man heute nicht erwarten, dass ein solcher Bau abgetragen wird, um Spuren eines frühen Vorgängers freizulegen. Immerhin aber hat man im Inneren der Synagoge sowie entlang des Fundaments bis auf den gewachsenen Boden reichende Suchschnitte geöffnet, um die chronologische Abfolge zu sichern. So fand man ein Fundament aus schwarzem Basalt statt des importierten weißen Kalksteins des späteren Baus. In der älteren Phase überbaute man – offenbar zum Zwecke der Vergrößerung – frühere hellenistisch-frührömische Wohnareale.

In der Bibel wird immer wieder auf Jesu Predigttätigkeit, nicht nur in Synagogen, Bezug genommen. Doch wie müssen wir uns eigentlich die (Aus-)bildung des Messias vorstellen? Wir können vermuten, dass er Lesen, Schreiben und Rechnen erlernte, dazu die Grundlagen religiöser Bildung, wie sie auf einer Synagogenschule vermittelt wird. Die damals gängige Sprache der einfachen Leute war das Aramäische, während es umstritten ist, ob Jesus auch Schrifthebräisch (die Sprache der Bibel) beherrschte, was ein spezielleres Thorastudium voraussetzen würde. Trotzdem war er in der Lage, als Halbwüchsiger mit den Priestern im Tempel über religiöse Belange zu diskutieren und darüber die Zeit und seine Eltern zu vergessen. Ob er über die zu seiner Zeit herrschenden innerjüdischen Streitereien informiert war, können wir nur vermuten – spätestens als die Pharisäer ihm nach dem Leben trachteten, kannte er sicherlich seine Feinde.

Vielleicht konnte Jesus sogar einige Brocken Griechisch, das damals im gesamten östlichen Mittelmeerraum Verkehrssprache war und auch von den Römern als solche akzeptiert und verwendet wurde. Griechisch war schließlich nicht nur die Sprache der Bewohner Griechenlands und Kleinasiens, sondern auch all der Völker, die mit diesen Gebieten in Beziehung standen, etwa die Bevölkerung der ehemaligen Diadochenreiche wie Ägypten oder Syrien. Wer Karriere machen, Handel treiben oder reisen wollte, musste Griechisch können. Latein als Sprache Roms wird Jesus dagegen – wie die meisten seiner Landsleute – nicht oder kaum verstanden haben, geschweige denn gesprochen haben. Immerhin war auf dem Titulus seines Kreuzes der Hauptanklagepunkt in drei Sprachen verzeichnet, nämlich Griechisch, Lateinisch („Römisch") und Aramäisch (Hebräisch): *„INRI – Iesus Nazarenus Rex Iudaeorum, Jesus von Nazaret, König der Juden"*, damit möglichst viele der Zuschauer verstanden, warum dieser Mann sterben musste.

Mount of Beatitudes – Bergpredigt mit wunderbarer Aussicht

Der sogenannte „Berg der Seligpreisungen" ist der mutmaßliche Ort, an dem Jesus seine berühmte Bergpredigt gehalten haben soll. In der Realität fand diese Predigt jedoch wahrscheinlich nicht in der überlieferten Form statt – eher handelt es sich um eine Art redaktionelle Zusammenstellung von Zitaten aus verschiedenen Predigten, oder aber um von Jesus immer wieder verwendete Sentenzen. Der traditionelle, auch Berg Eremos genannte Ort liegt auf einer Anhöhe nördlich von Tabgha in der Nordostecke des Sees Gennesaret – dem hauptsächlichen Wirkungsgebiet Jesu. Und doch ist diese Anhöhe so gewöhnlich wie jede andere, denn antike Großveranstaltungen entziehen sich unserem Nachweis, wenn nicht bauliche Überreste zu Hilfe kommen. Selbst die allgegenwärtigen antiken Theater oder Amphitheater können manchmal nicht lokalisiert werden, wenn sie „nur" aus Holz und nicht aus Stein errichtet worden waren. Im Falle dieser spontan gehaltenen Predigt Jesu wurden sicher zuvor keinerlei bauliche Vorkehrungen getroffen – die Gläubigen lagerten einfach auf dem Gras der Anhöhe.

Die heutige Landmarke ist die 1937/38 vom bereits erwähnten italienischen Architekten Antonio Barluzzi errichtete Kirche. Sie ist in ihrem Grundriss nach der Zahl der Seligpreisungen (vgl. Essay „Historischer oder literarischer Jesus?" S. 11) achteckig. Der Text dieser Seligpreisungen ist auf Latein in purpurner Schrift in die mattweißen transparenten Glasfenster eingeschrieben. Von außen besticht die Kirche durch den klaren Kontrast aus schwarzem Basalt und weißem Kalkstein aus der Gegend von Nazaret, der vor allem für die Bögen des Umgangs verwendet wurde. Das Bauwerk liegt in einem großzügigen, von den Franziskanerinnen gepflegten Park, von dem aus man einen wunderbaren Blick über den See Gennesaret hat. Nicht nur diese Aussicht zieht jedes Jahr Tausende von Pilgern aus allen Nationen nach Tabgha.

Seligpreisungen nach Mt. 5,1-12

1. Als Jesus die vielen Menschen sah, stieg er auf einen Berg. Er setzte sich, und seine Jünger traten zu ihm.
2. Dann begann er zu reden und lehrte sie.
3. Er sagte: Selig, die arm sind vor Gott; / denn ihnen gehört das Himmelreich.
4. Selig die Trauernden; / denn sie werden getröstet werden.
5. Selig, die keine Gewalt anwenden; / denn sie werden das Land erben.
6. Selig, die hungern und dürsten nach der Gerechtigkeit; / denn sie werden satt werden.
7. Selig die Barmherzigen; / denn sie werden Erbarmen finden.
8. Selig, die ein reines Herz haben; / denn sie werden Gott schauen.
9. Selig, die Frieden stiften; / denn sie werden Söhne Gottes genannt werden
10. Selig, die um der Gerechtigkeit willen verfolgt werden; / denn ihnen gehört das Himmelreich.
11. Selig seid ihr, wenn ihr um meinetwillen beschimpft und verfolgt und auf alle mögliche Weise verleumdet werdet.
12. Freut euch und jubelt: Euer Lohn im Himmel wird groß sein. Denn so wurden schon vor euch die Propheten verfolgt.

lateinischer Text der Vulgata:

1. videns autem turbas ascendit in montem et cum sedisset accesserunt ad eum discipuli eius
2. et aperiens os suum docebat eos dicens
3. beati pauperes spiritu quoniam ipsorum est regnum caelorum
4. beati mites quoniam ipsi possidebunt terram
5. beati qui lugent quoniam ipsi consolabuntur
6. beati qui esuriunt et sitiunt iustitiam quoniam ipsi saturabuntur
7. beati misericordes quia ipsi misericordiam consequentur
8. beati mundo corde quoniam ipsi Deum videbunt
9. beati pacifici quoniam filii Dei vocabuntur
10. beati qui persecutionem patiuntur propter iustitiam quoniam ipsorum est regnum caelorum
11. beati estis cum maledixerint vobis et persecuti vos fuerint et dixerint omne malum adversum vos mentientes propter me
12. gaudete et exultate quoniam merces vestra copiosa est in caelis sic enim persecuti sunt prophetas qui fuerunt ante vos

Tabgha – sieben Quellen und Tausende Brote und Fische

Der antike Name des heutigen Tabgha lautete Heptapegon, was auf Griechisch „Siebenquell" bedeutet. Tatsächlich entspringen dort sieben Quellen unterschiedlicher Größe. Der spätere arabische Name „Tabgha" ist übrigens eine Verballhornung des griechischen Namens. Traditionell wird diese Ortslage mit der „Speisung der 5000" aus der Bibel gleichgesetzt, bei der Jesus aus dem mageren Vorrat von fünf Broten und zwei Fischen seine vielen Zuhörer auf wunderbare Weise gesättigt haben soll. Diese Geschichte einer solchen wundersamen Massenspeisung taucht zweimal kurz hintereinander, aber mit unterschiedlicher Lokalisierung in der Bibel auf – der zweite Ort wird in der Nähe von Betsaida gesucht. Tatsächlich ist es denkbar, dass ein solches Wunder quasi „zur Regel" nach Jesu öffentlichen Predigten wurde; obwohl auch nicht ganz auszuschließen ist, dass beide Bibelstellen auf ein einziges Ereignis Bezug nehmen, das jeweils etwas unterschiedlich geschildert wird. Selbstverständlich ist es heute unmöglich zu entscheiden, an welcher Stelle am Nordwestufer des Sees das Ereignis/die Ereignisse tatsächlich stattfand(en). Quasi jeder Uferabschnitt mit einer flachen Anhöhe, auf der sich die Menschen versammeln konnten, käme dafür in Frage.

Das Gebiet um Tabgha gehört zum großen Teil noch heute dem Deutschen Verein vom Heiligen Lande, der auch das dortige Pilgerhospiz betreibt. Nach Empfehlung von Gottlieb Schumacher wurden Anfang des 20. Jhs. die frühesten Ausgrabungen am Ort ebenfalls von deutschen Wissenschaftlern durchgeführt. Der wichtigste Kirchenbau ist die Brotvermehrungskirche, wobei der heutige Bau in Nachfolge eines Schutzbaus erst ab 1980 über den gleich zu schildernden Mosaiken entstand. Der erste Kirchenbau an dieser Stelle soll noch im 4. Jh. n. Chr. im Auftrag Konstantins d. Gr. erbaut worden sein. Er war einschiffig und hatte die Maße 9,5 x 18,1 m. Vor der Apsis lag ein Kalksteinbrocken, auf den Jesus die Brote und Fische gelegt haben soll – schon früh als Altar genutzt, wurde er in der zweiten Kirche versetzt und ein eigener Altartisch darüber errichtet. Auch hier brachen – wie in Jerusalem – Pilger Splitter des Felsens ab, damit diese ihnen Wohlstand verschaffen mögen (!). Direkt neben dem Altar befindet sich das heute quasi als „Logo" Tabghas verwendete, aus der zweiten Bauphase stammende berühmte Mosaik, das zwei Fische zu beiden Seiten eines Korbes zeigt (der linke Fisch ist weitgehend ergänzt). Im Jahre 416 wurde die Kirche durch ein Erdbeben zerstört. Der darauf folgende größere Neubau (33 x 56 m) mit Atrium und Brunnen folgte nicht mehr dem üblichen Basilikamuster.

In seinem Inneren begeistern die teppichartig ausgelegten geometrischen Mosaiken, während in den Interkolumnien und Querschiffen wunderbare, nach der Natur geschaffene Darstellungen von Wasservögeln in einer Sumpflandschaft voll von großen Lotusblüten gezeigt werden. Zahlreiche der abgebildeten Tier- und Pflanzenarten lassen sich sogar genau bestimmen! Dazu kommt im südlichen Querschiff die seltene Darstellung eines Nilometers, also eines für den Nil typischen Wasserstandsanzeigers (existierte ein solcher auch für den See Gennesaret?). Diese Mosaiken gehören zu den schönsten in ganz Israel. Sie wurden mithilfe von Steinchen aus örtlichem Kalkstein geschaffen, die in vielen Farbtönen gehalten sind: jeweils zwei verschiedene Tönungen von Blau und Gelb, sogar drei Rottöne, dazu kommt Hellgrau – nur Grün fehlt offenbar. Brandspuren auf den Mosaiken weisen auf eine Zerstörung durch Feuer, dazu gibt es viele Fehlstellen im „Teppich".

Das zweite mit Tabgha in Verbindung stehende biblische Ereignis ist die Erscheinung des auferstandenen Jesus gegenüber seinen nach Galiläa zurückgekehrten Jüngern, bei der er seine Nachfolge regelte: Er übertrug mit den Worten „Weide meine Schafe" die Leitung der Christengemeinde (den Primat) an Petrus. Dabei entspricht die dreimalige Wiederholung von Frage und Antwort dem orientalischen Ritus einer formellen Rechtsübertragung. Zur Erinnerung daran wurde die sogenannte Primatskapelle (auch: Erscheinungskirche) nur 100 m nördlich der Brotvermehrungskirche direkt am Seeufer errichtet. Die in den See ragenden Felsen (evtl. Substruktionen?) werden als „Throne der Apostel" gedeutet. Diese Ecke des Sees ist tatsächlich bis heute eine der fischreichsten, sodass die in der Bibelstelle erwähnten übervollen Fischernetze gut vorstellbar sind. Insgesamt folgten sechs Kirchen an diesem in früheren Jahrhunderten als Steinbruch genutzten Ort aufeinander. Die Pilgerin Egeria beschreibt am Ende des 4. Jhs. n. Chr. die erste dieser Kirchen und die heute noch vorhandenen, zum See hinunterführenden Steinstufen. Der vierte Bau wurde in der Kreuzfahrerzeit errichtet, während die heutige, 1934 von den Franziskanern erbaute Kapelle der sechste und letzte Bau ist. Auch hier gibt es ähnlich wie in der Brotvermehrungskirche einen *„mensa petri"* genannten Felsen im Kircheninneren.

Ölhain in Galiläa – *"... dass es auch den trägsten Landmann zur Arbeit anregt"* (Josephus)

Jesus stammte aus Galiläa und fand dort als Erwachsener seinen bevorzugten Wirkungsbereich – aber wie sah das ländliche Galiläa der Jesuszeit aus?

Ein Großteil der Bevölkerung lebte von den Erträgen der Landwirtschaft und noch heute ist das Land berühmt für seine Oliven- und Palmenhaine sowie Obstplantagen; dazu kamen Getreide und Wein. Im Idealfall besaß nach der Aussage eines Rabbis im 3. Jh. n. Chr. ein Landwirt je ein Drittel Getreidefelder, Weinberge und Olivenhaine. Unser Bild zeigt einen typischen galiläischen Olivenhain im Frühling, wenn nach reichen Regenfällen im Winter die Natur „explodiert". Besonders alte Ölbäume wurden geschätzt und erst dann gefällt, wenn sie fast keinen Ertrag mehr abwarfen. Ein alter, ertragreicher Baum wurde in der Mischna (der ersten Niederschrift der mündlichen Thora) „ein Baum der einen Namen hat" genannt. Nach dem Bar-Kochba-Aufstand rodeten die Römer weite Teile der galiläischen Ölhaine, doch diese wurden schnell wieder neu angepflanzt und trugen eine Generation später erneut reiche Früchte. Dazu muss man sagen, dass das Öl nicht nur als Nahrungsmittel verwendet wurde, sondern auch als Salböl (vgl. o. S. 34) und Lampenöl. Letzteres wurde sowohl für private Beleuchtungszwecke als auch in öffentlichen Bauten wie Synagogen oder dem Jerusalemer Tempel genutzt. Dementsprechend waren Ölpressen allgegenwärtig und sind heute noch häufig archäologisch nachzuweisen. Zusammen mit den Getreidemühlen fehlten sie in keinem Haushalt. Sie bestanden oft aus lokalem bzw. regionalem Stein wie Golanbasalt und treten in verschiedenen Größen auf – von Exemplaren für einen Kleinhaushalt bis hin zu großen Mühlen für die industrielle Produktion von Öl oder Mehl.

Auch sonst war die Nahrung weitgehend pflanzlich: Am wichtigsten war das sprichwörtlich gewordene „tägliche Brot", bestehend aus Weizen oder der billigeren Gerste. Weitere bekannte Getreidearten waren Emmer und Hafer. Wie wir aus den Schriften des „RaMbaM" (ein Akronym für den berühmten Rabbi Moses Maimonides, ca. 1135–1204) wissen, wurde auch Gemüse in großer Vielfalt angebaut; man kannte Hülsenfrüchte wie Linsen, Bohnen, Kichererbsen oder Reis, der im Talmud ebenfalls als „Hülsenfrucht" gilt, als Grundnahrungsmittel. Dazu kamen Kohl, Rüben, Rettiche, Sellerie und zahlreiche Gewürzpflanzen. Auf dem galiläischen Boden wuchs so gut wie alles, was Josephus zu seiner Bemerkung hinriss, dass „Galiläa üppig und weidereich (ist), von Bäumen aller Art in Hülle und Fülle bepflanzt und so ergiebig, dass es auch den trägsten Landmann zur Arbeit anregt".

Dattelpalmen wuchsen hier ebenfalls, obwohl das eigentliche Zentrum der Dattelproduktion im Gebiet um Jericho (der „Dattelstadt") und dem Toten Meer lag. Das hebräische Wort für Dattelpalme, „Thamar" taucht sogar in der Bibel als weiblicher Vorname auf: Tamar war die Tochter König Davids und die Angebetete im Hohenlied wird im Wuchs mit einer Dattelpalme verglichen. Schließlich wurde die Palme quasi zum Sinnbild Israels, das viele Herrscher auf ihren Münzen verwendeten, so etwa auf Prägungen des Herodes Antipas aus dem Jahr 39 n. Chr. aus Tiberias.

Weitere wichtige Anbaupflanzen waren Lein und Flachs, die zur Textilherstellung benötigt wurden – galiläisches Leinen wurde im gesamten Römischen Reich als eines der besten gepriesen, besser noch als das griechische. Außerdem stellte man Gewänder aus Wollstoff her, niemals aber gemischte Gewebe, die verboten waren. Purpur zum Färben der Kleider stammte von der Levanteküste, etwa aus Tyrus. Die Wolle bringt uns auf die Viehhaltung, die immer ein „zweites Standbein" der Landwirtschaft war. Schafe und Ziegen sind im Vorderen Orient seit dem Neolithikum allgegenwärtig, sodass jede Familie, die es sich auch nur im Entferntesten leisten konnte, Schafe und Ziegen hielt. Neben der Wollgewinnung spielte hier auch die Milch zur Käseherstellung eine große Rolle. Rinder wurden ebenfalls wegen der Milchleistung gehalten, sowie als Last- und Pflugtiere, während sie nur selten gegessen wurden. In rein jüdischen Haushalten, in denen man die Speisegebote beachtete, gab es dagegen niemals Schweine, da diese als unrein gelten. Daher ist das Fehlen oder Vorhandensein von Schweineknochen in archäologischen Ausgrabungen entscheidend für die Interpretation der Bevölkerungsstruktur einer Siedlung: Lebten dort nur strenggläubige Juden oder war die Bevölkerung mit „Heiden" durchmischt, die selbstverständlich wie auch überall sonst im Römischen Reich Schweine verzehrten? Was das Geflügel betraf, so durften Hühner und Tauben gegessen werden, was aber nur an hohen Feiertagen oder als Krankenkost vorkam. Tauben wurden in großer Zahl in erster Linie als Opfertiere gezüchtet. Auch die Fische aus dem See Gennesaret wurden in koscher oder nicht koscher eingeteilt: Kurz gesagt, durften alle Fische mit Schuppen gegessen werden, andere Wasserbewohner dagegen nicht. In Zweifelsfällen wie dem der Kinneret-Sardine musste rabbinischer Rat eingeholt werden.

Betsaida – die drei Betsaidas

Die Identifizierung des biblischen Betsaida mit et-Tell ist bis heute umstritten, da die Fundstelle nicht direkt an den See Gennesaret grenzt, sondern heute ca. 2,5 km von ihm entfernt ist. Auch widerspricht die Lage des Tells jenseits des Jordans (= in der Gaulanitis, wie Josephus korrekt wiedergibt) der Angabe im Johannesevangelium, die Betsaida in Galiläa verortet. Daraus entstand die Idee, ein weiteres Betsaida in Galiläa zu suchen – dabei handelt es sich jedoch sicher nur um einen Verschreiber (Kopistenfehler), da es kaum zwei gleichnamige Orte zu beiden Seiten des Jordans gegeben haben dürfte. Als weitere Alternative wird häufig das näher am See gelegene el-Araj genannt, wo sich jedoch nur byzantinische Scherben fanden, aber keine hellenistisch-frührömischen. Klingt kompliziert? Ist es aber nicht wirklich. Geologische Untersuchungen haben ergeben, dass sich durch mehrere Erdbeben und massive Erdrutsche der Verlauf des Jordans und der Küstenlinie mehrfach verschoben haben, wobei das letzte Ereignis dieser Art im 4. Jh. n. Chr. stattfand und zum endgültigen Ende der Siedlung auf et-Tell (= Betsaida) führte.

Betsaida liegt in der Beteha-Ebene auf einem zum See hin ausgerichteten Basaltausläufer des Golan. Unser Bild zeigt den Blick vom Tell aus auf den See Gennesaret. Der erste Reisende, der den biblischen Ort als et-Tell identifizierte, war der Amerikaner Edward Robinson im Jahr 1838. In der Bibel wird Betsaida als Schauplatz von einigen Wundern Jesu genannt, zudem als Heimat der Apostel Petrus, Andreas und Philippus. Laut dem Johannesevangelium baten Griechisch sprechende Personen, die etwas von Jesus wollten, speziell die beiden Letztgenannten, Ihnen zu dolmetschen – die Tatsache, dass sie Griechisch verstanden, lässt Rückschlüsse auf die Zusammensetzung der Bewohner Betsaidas zu.

Die Fundstelle auf et-Tell konnte erst nach Annektion des Golan 1967 von israelischen Archäologen untersucht werden (inklusive der massiven Bodeneingriffe durch das syrische Militär und dem gelegentlichen Fund von noch scharfen Granaten und Minen!). Im Falle einer immer wieder geforderten Rückgabe der Gebiete an Syrien wäre et-Tell nicht mehr zugänglich, was aber angesichts der heutigen politischen Lage in der Region in weite Ferne gerückt scheint.

Reguläre Grabungen finden seit 1987 jedes Jahr statt und werden seit 20 Jahren vom Bethsaida Excavations Project geleitet, an dem neben israelischen und US-amerikanischen Universitäten auch ein Münchner Team beteiligt ist. Es konnte im Laufe der Jahre eine bedeutende vorgeschichtliche Bebauung freilegen, aber auch Nachweise für die Perserzeit und eine umfangreiche hellenistisch-frührömische Besiedlung erbringen. Byzantinische bis osmanische Reste (u. a. ein über den antiken Resten verteilter Beduinenfriedhof) runden das Fundspektrum ab.

Im Hellenismus wurde ein Zuzug von Phöniziern (Händlern?) vermutet, auf den zahlreiche Münzen und Keramikfunde hinweisen. Besonders interessant sind zwei komplett ergrabene hellenistisch-römische Hofhäuser, die einen guten Eindruck davon vermitteln, wie die Menschen zur Zeit Jesu am See lebten. Die Häuser bestehen jeweils aus einem ummauerten Innenhof, der alle Bereiche des Alltags umfasste (Wohnhaus, Stallungen, Vorratsräume), während die Freifläche in der Mitte für die alltäglichen Verrichtungen diente. Das stabilere eisenzeitliche Pflaster sowie die Fundamente und sogar Teile der Stadtmauer wurden von diesen Bauten weiter genutzt. Zu den Funden sind vor allem Gebrauchskeramik und Werkzeuge zu rechnen, aber auch seltenere Importstücke, die auf Handelsbeziehungen etwa zu den phönizischen Küstenstädten schließen lassen. Die zahlreich gefundene Ausrüstung für Boote und Fischernetze belegen die Grundlage der Wirtschaft Betsaidas. Dort wohnten sowohl Juden als auch griechischsprachige „Heiden", worauf der deutliche Anteil an Schweineknochen unter dem gefundenen Knochenmaterial hinweist, während die jüdische Präsenz inzwischen durch einige Fragmente von Steingefäßen gesichert ist.

Im Jahre 30 n. Chr. wurde Betsaida durch Herodes Philippus zu einer Stadt (*polis*) mit Namen Iulias erhoben und nach der Mutter des regierenden Kaisers Tiberius, Livia Iulia, benannt. Dies manifestiert sich jedoch fast nirgends in der Siedlung, allein die möglichen Reste eines kleinen Kaiserkulttempels könnten entsprechend interpretiert werden. Im Areal des postulierten Tempels fanden sich zwei bronzene Räucherschaufeln, die im jüdisch-römischen Kultbetrieb benutzt wurden (vgl. Abb. S. 9). Höchstwahrscheinlich kam der Ausbau mit dem Tod des Philippus nur wenige Jahre später ins Stocken bzw. komplett zum Erliegen. So gibt es beispielsweise keine in Iulias geprägten Münzen, obwohl es als *polis* das Prägerecht gehabt hätte. In den späteren rabbinischen Quellen wird der Ort jedenfalls wieder Saidan genannt, was auf den Fischreichtum der Gegend Bezug nimmt.

Ab dem 4. Jh. n. Chr. wird Betsaida zum christlichen Pilgerziel, was in zahlreichen Reiseberichten erwähnt wird. Unter anderem kommt nun die Legende auf, Kaiserin Helena habe auch hier eine Kirche gegründet, was jedoch archäologisch bisher nicht nachweisbar ist. Bekanntermaßen sind ihre einzig sicheren Gründungen die Geburtskirche in Betlehem sowie die Grabeskirche und die Eleona-Basilika in Jerusalem. Trotzdem berufen sich noch heute zahlreiche Orte auf die legendäre Gründungsmission der Kaiserin im Auftrag ihres Sohnes Konstantin d. Gr.

Gamla – Rebellennest im Golan?

Der Ortsname „Gamla" bedeutet auf Aramäisch *Kamelrücken*, er reiht sich in die Abfolge weiterer nach dem typischen Aussehen von Tieren benannten Siedlungen (vgl. Susita/Hippos – „Pferd" S. 36). Es handelt sich um einen charakteristischen Geländesporn an den Ausläufern des Golan, der 10 km Luftlinie vom Nordostufer des Sees Gennesaret entfernt ist. Bis heute ist dieser Platz nur schwer zugänglich, auch gut Trainierte müssen – nach Erreichen des Parkplatzes – einen anstrengenden Fußmarsch und Klettersteig auf sich nehmen. Dabei erfolgt der Zugang zur antiken Siedlung nur von Norden aus – auf demselben Weg näherten sich vor über 1900 Jahren auch die römischen Eroberer. Aus Gamla ist keinerlei Tätigkeit Jesu nachgewiesen. Der Ort gehörte aber eindeutig zum engeren Umfeld seines Wirkungsbereiches, sodass wir nicht sagen können, ob es sich nicht einfach nur um eine Lücke in der Überlieferung handelt.

Ab 1968, nach Annektierung des Golan, fanden in Gamla Surveys statt, reguläre Ausgrabungen dann ab 1976. Trotzdem ist bislang nur ein Bruchteil der Siedlung erforscht und noch weniger publiziert (geschweige denn auf Englisch), sodass der Ort auch für Archäologen noch immer als Geheimtipp gilt. In der Antike war der Geländesporn ab dem 2. Jh. v. Chr. nur auf seiner Ostseite besiedelt, während die Westseite bislang fundleer blieb. Gamla war ein durchaus hellenisierter Ort, der wohl durch den Handel mit koscherem Olivenöl reich geworden war, das in beinahe industriellem Maße produziert und beispielsweise für den Gebrauch im Tempel bis ins weit entfernte Jerusalem verhandelt wurde. Die Lage an einer der überregionalen Fernstraßen war dafür sicher kein Nachteil.

Bauliche Spuren fanden sich in Form von unregelmäßigen Häusern, die in Hanglage übereinander geschichtet waren (die oberen nutzten Mauern und Dächer der unten liegenden). Insgesamt orientiert sich die Siedlung stark an den geografischen Gegebenheiten, weshalb auch kein rechtwinkliger Grundriss zu erwarten ist. Neben den aus Basaltsteinen bestehenden Häusern fanden sich auch steinerne Einrichtungsgegenstände wie Kastenmühlen oder Ölpressen.

Trotz aller Hellenisierung lebten sicher viele Juden in Gamla, was die strikte Einhaltung des jüdischen Bilderverbotes belegt – alle bislang gefundenen (noch nicht näher datierten) Wandmalereien weisen nur geometrischen Dekor auf (vgl. Herodespaläste). Die Tierknochen sind leider noch nicht vorgelegt, und ob man aus einigen „römischen" Importstücken eine Anwesenheit von Heiden vor der Eroberung belegen kann, ist fraglich (anders als z.B. in Betsaida, vgl. S. 56). Sichere jüdische Elemente sind außerdem mit wasserdichtem Putz ausgekleidete Mikwaoth und die berühmte, heute wieder für Kulthandlungen genutzte – wohl herodianisch zu datierende – Synagoge. Dies ist der früheste Beleg für diesen Gebäudetyp innerhalb einer Siedlung, zu datieren noch vor der Zerstörung des Jerusalemer Tempels. Entsprechend frühe Synagogen wurden allerdings nicht nur für religiöse Handlungen verwendet, auch profane Zusammenkünfte konnten dort stattfinden, da sich eine funktionale Trennung nach profan und religiös erst später durchsetzte.

Zumindest im letzten Jahrhundert seiner Existenz scheint der jüdische Einfluss in Gamla zugenommen zu haben, denn der Ort entwickelte sich zur Rebellenhochburg: Während Hezekiah von Gamla noch von Herodes d. Gr. bekämpft wurde, gründete sein Sohn Juda im Aufstand nach dem Tod Herodes' d. Gr. die Gruppe der Sikarier (s. Essay „Ein Leben in Palästina zwischen Juden und Römern" S. 9). Der Ort zog weitere Sympathisanten und Flüchtlinge an, Josephus (zu dem Zeitpunkt noch auf der Seite der Aufständischen) ließ die Befestigungen Gamlas verstärken und anschließende Räume mit Steinen verfüllen – alles sollte jedoch im Endeffekt nichts nutzen: Im 1. Aufstand 67 n. Chr. wurde Gamla von den Römern unter Vespasian und Titus von 30.000 Legionären und Auxiliarsoldaten einen Monat lang belagert und schließlich erobert, seine Bewohner getötet oder vertrieben. Auch die Römer hatten heftige Verluste erlitten. Eine Entscheidung brachte schließlich erst der Einsatz von Katapulten, die eine Bresche in die befestigte Stadt schlagen konnten. Der Ort wurde daraufhin nie wieder besiedelt.

Unter den in Gamla gemachten Funden befinden sich viele römische Militaria. Doch sind sie alle Spuren der erbitterten Kämpfe? Da aber auch weibliches Inventar frührömischer Prägung vorhanden ist (Schmuck, Spinngerät), müssen einige Gegenstände den abgelegenen Ort als Importgüter erreicht haben, da man nicht jedes „römische" Fundstück auf die erobernden Soldaten zurückführen kann.

Aufgrund der Belagerung und Eroberung durch die Römer wurde Gamla oft mit Masada (und dem ebenfalls nicht so bekannten Jotapata in Galiläa) verglichen – es wurde zum Nationalheiligtum Israels, besonders wegen des Durchhaltewillens der Eingeschlossenen. Dieser ist allerdings in den Quellen (Josephus) tendenziös und übertrieben dargestellt. So war es beispielsweise überhaupt nicht möglich, sich über den Abhang von Gamla in den Tod zu stürzen. Man fand auch keine Massengräber (weder von Juden noch von Römern) – wahrscheinlich wurden die Opfer schon bald nach der Belagerung an einem anderen Ort bestattet. Heute liegt Gamla inmitten eines Nationalparks, dessen Attraktivität von den noch immer wie im 1. Jh. n. Chr. über dem Ort schwebenden Geiern gesteigert wird.

Mount Tabor – Verklärung: weißes Licht auf dem Berg Tabor?

Der Berg Tabor ist mit seiner Höhe von 588 m und in seiner Form sehr charakteristisch und in weitem Umkreis sichtbar. Er liegt im Westen des Sees Gennesaret in der Nähe von Nazaret. Auf der Spitze des Berges befand sich bereits ein vorgeschichtliches Baal-Heiligtum und bis heute kann man eine Art von „Kultkontinuität" feststellen. Der Tabor gilt, wie viele Berge, als von Natur aus heiliger Ort. Berggipfel werden in fast allen antiken oder indigenen Kulturen als Sitz der Götter angesehen, so ist etwa der Olymp für die Griechen zu nennen, oder der Mount Everest für die Tibeter, wobei im Falle des Himalaya Göttinnen die einzelnen Berge bewohnen. Auch in der Bibel gibt es heilige Berge, man denke an den Berg Sinai, auf dem Moses von Gott die Zehn Gebote erhielt. Für den Berg Tabor gibt es ebenfalls bereits alttestamentliche Nennungen.

Dieser ist traditionell der Ort der Verklärung Jesu (lat. *transfiguratio*), ein wichtiges Offenbarungsereignis, bei dem Jesus seinen Jüngern Petrus, Johannes und Jakobus als Sohn Gottes offenbart wird. Im Lukasevangelium wird die Szene so geschildert: Jesus nahm die drei Jünger beiseite und „stieg mit ihnen hinauf, um zu beten. Und während er betete, veränderte sich das Aussehen seines Gesichtes und sein Gewand wurde leuchtend weiß." Insbesondere die Schilderung des von Jesus in diesem Moment ausgehenden Lichtes (das „Taborlicht") hat die Christen zu allen Zeiten fasziniert, sodass es zahllose Darstellungen dieser Szene gibt. Vor allem die Ostkirche verehrt die Verklärung Jesu eben wegen ihrer Lichtsymbolik. Doch damit ist die Szene noch nicht zu Ende: Zu beiden Seiten Jesu erschienen nun Moses und Elia als Vertreter des alten Bundes, die mit ihm sprachen. In diesem Augenblick ertönte aus einer plötzlich aufgetauchten Wolke die Stimme Gott Vaters, der sprach: „Dies ist mein geliebter Sohn. Auf ihn sollt ihr hören." Die überwältigten Apostel bauten sich gerade Laubhütten, was in Bezug zum gleichnamigen Fest steht, als diese Szene angeblich stattfand.

Von Anfang an stellte sich die Frage der Identifizierung des Berges, der in der Bibel nur als „ein hoher Berg" bezeichnet wird. Dieser Beiname wird etwa sowohl für den Hermon als auch für den Tabor verwendet. Andere Vorschläge waren verschiedene Gipfel des Golan, oder sogar die Hörner von Hattin. Auf archäologischem Wege ist dies derzeit nicht zu klären. Für den Berg Hermon würde beispielsweise sprechen, dass der Ablauf der im Markusevangelium geschilderten Ereignisse Jesus im Gebiet von Caesarea Philippi unterwegs sein lässt, kurz bevor die Verklärung stattfindet – muss sie aber deswegen zwingend auf dem Hermon lokalisiert werden? Im Gegenzug spricht die Vermutung eines frührömischen Militärlagers auf dem Tabor, das aber nicht archäologisch nachgewiesen ist, nicht zwangsläufig gegen die Lokalisierung des Verklärungsereignisses auf diesem Berg. Römische militärische Aktivität ist in diesem Gebiet nur für das Jahr 55 v. Chr. belegt, als der Statthalter der Provinz Syrien Aulus Gabinius am Tabor ein 30.000 Mann starkes hasmonäisches Heer unter Alexander, dem Sohn des Aristobulos II., besiegte.

Jedenfalls festigte sich eine Identifizierung des Verklärungsberges mit dem Tabor erst im 4. Jh. n. Chr.: Hieronymus und Cyril von Jerusalem nennen ihn explizit, während Eusebius zwischen Tabor und Hermon schwankt. Wohl sicher falsch liegt dagegen der Pilger von Bordeaux, der den Ölberg in Jerusalem für dieses Ereignis beansprucht: Dort fanden allerdings tatsächlich entsprechende Gedenkgottesdienste statt, von denen der Pilger offenbar einen besucht hat. Laut Pierre Maraval wird ab dem 4. Jh. n. Chr. immer der Berg Tabor im Zusammenhang mit der Verklärung genannt, so auch beim Anonymus von Piacenza (570). Erstaunlicherweise finden sich jedoch keine Überreste einer Kirche des 4. Jhs. n. Chr. auf dem Berg; erst ab dem 6. Jh. lassen sich Bauspuren nachweisen. Allerdings wurden dort bisher noch kaum archäologische Ausgrabungen durchgeführt. Heute bekrönt die von Antonio Barluzzi 1919–1924 erbaute franziskanische Verklärungsbasilika den Gipfel.

Sind ältere Traditionen zweifelsfrei auszuschließen? Die muss es sicher gegeben haben – man vermutet, vieles sei während der Christenverfolgungen im 2. und 3. Jh. n. Chr. vernichtet worden. Origenes scheint jedenfalls die Tradition im frühen 3. Jh. n. Chr. schon zu kennen, auch wenn er den Tabor nicht explizit nennt, sondern ihn als „der Auserwählte" (*eklekton*) bezeichnet.

Dennoch, man muss sich fragen: Muss eine Szene wie die Verklärung überhaupt eine genaue geografische Lokalisierung besitzen oder ist sie rein symbolisch-spiritueller Natur? Könnte man sich eine solche Szene also auf jedem beliebigen Berg vorstellen? Im Katharinenkloster auf dem Sinai, der in der Liste der „Kandidaten" für die Verklärung bemerkenswerterweise fehlt, gibt es ein byzantinisches Mosaik, das die Verklärung darstellt. Ist es für den Betrachter des Kunstwerks somit egal, wo die Szene lokalisiert wird oder ob sie überhaupt so stattgefunden hat? Diese Frage ist nicht leicht zu beantworten; die Antwort dürfte je nach Standpunkt unterschiedlich ausfallen.

Hammat Gader – Wellness und Heilung im Thermalbad

Das antike Heilbad von Hammat Gader liegt nahe der Südspitze des Sees Gennesaret im Tal des Yarmuk und ist seit mindestens 3500 Jahren – und bis heute! – ein beliebtes Thermalbad. Seine Mineralquellen haben eine Temperatur von 28° bis 51°Celsius und wurden mindestens seit der Eisenzeit von Menschen auf der Suche nach Heilung frequentiert. Eine der dortigen Quellen ist zudem leicht radioaktiv und hilft mit einer Temperatur von 42° besonders gut gegen Rheuma. Dazu ist zu bemerken, dass natürlichen heißen Quellen zu allen Zeiten große Heilkräfte und außerdem sakrale Bedeutung zugeschrieben wurden. Dort zu baden war also gleichzeitig eine hygienische und eine religiöse Erfahrung.

Der Ortsname Hammat Gader bedeutet einfach „die heißen Quellen von Gadara", da diese im Einzugsgebiet der Dekapolisstadt lagen (s. o. S. 38). Bei Strabon am Ende des 1. Jhs. v. Chr. werden die Mineralquellen ebenfalls nur als „heiße Quellen nahe der Stadt Gadara" erwähnt und nicht mit einem Eigennamen benannt. Dies spricht dafür, dass man sie als Teil der Stadt Gadara empfand. Nach Aussage des anonymen Pilgers von Piacenza (570) nannten jedoch die Einwohner Hammat Gaders die Bäder nach dem Propheten Elia *Thermae Heliae*. Bislang kennt man von dort keine frührömischen Überreste. Die sicher auch damals schon vorauszusetzende Badeanlage dürfte gänzlich unter den großen römisch-byzantinischen Thermen verschwunden sein. Ob auch Jesus diesen Ort jemals im Zuge seiner Wanderungen aufgesucht hat, entzieht sich unserer Kenntnis.

Ab dem 2. Jh. n. Chr. wurde Hammat Gader durch die Römer zu einem exklusiven Badeort ausgebaut. Eunapius, der das Bad zu Beginn des 5. Jhs. besuchte, bezeichnete den Ort als das zweitgrößte Heilbad des Römischen Reiches nach Baiae am Golf von Neapel. Doch nicht nur Römer (darunter Soldaten der X. Legion aus Jerusalem) und Griechen, sondern auch Juden besuchten diese Bäder, wie die häufige Nennung des Ortes in den rabbinischen Schriften bezeugt. Die oströmische Kaiserin Eudokia (401–460) besang das Heilbad sogar in einer ihrer Gedichte, das einzelne Räume des Komplexes speziell hervorhebt und das nahe bei einem der Schwimmbecken der „Brunnenhalle" auf einer Marmorplatte eingemeißelt wurde.

Der Badekomplex umfasst sieben Räume von jeweils unterschiedlichem Grundriss und unterschiedlicher Größe, die keinem der klassischen Thermenbautypen entsprechen. Jedes Badebecken war ehemals unterschiedlich warm, je nachdem, wie weit es von der heißen Quelle entfernt war. Das Quellwasser wurde durch Kanäle und ein System von Bleirohren ausgeleitet und im gesamten Gebäude verteilt. 200 m vom Badekomplex entfernt lag das mit den Thermen durch eine Ladenstraße verbundene römische Theater, sodass diese „Flaniermeile" möglicherweise als Hauptstraße des römischen Hammat Gader interpretiert werden darf.

Die antike Bausubstanz ist mit bis zu 8 m aufgehendem Mauerwerk bis heute sehr gut erhalten (!) und konnte teilrekonstruiert werden. Unser Bild zeigt den Blick auf die mit Statuennischen ausgestattete „Säulenhalle" mit ihrem getreppten Wasserbecken. Dahinter liegt die „Inschriftenhalle", in deren Boden eingelassen sich mehr als 35 Stifterinschriften fanden. Das Gebäude wurde aus grob zugehauenen Basaltsteinen erbaut, nur die „Brunnenhalle" bestand aus feinerem Kalkstein. Die durch römischen „Beton" verbundenen Mauern erreichten eine Deckenhöhe von bis zu 18 m. Die Fußböden sind mit Kalksteinplatten ausgelegt, die sogar poliert werden konnten. Die Fenster waren komplett verglast – selbst für die byzantinische Zeit eine Seltenheit! Es wurden nur wenige figürliche Marmorbruchstücke von der Innendekoration gefunden. Diese Verzierungen wurden, wie auch die nur noch in losen Glassteinchen (*tesserae*) erhaltenen Mosaiken oder die figürlichen Wasserspeier an den Schwimmbecken, in frühislamischer Zeit das Opfer von Bilderstürmern.

Der anonyme Pilger von Piacenza belegt um das Jahr 570 Heilkuren für Leprakranke, die sich nach dem Bad zum Heilschlaf hinlegten. Diese „Inkubation" genannte Sitte war in den Tempeln griechischer und römischer Heilgötter üblich – sicherlich gab es auch einen für die Quellen von Hammat Gader zuständigen Heilgott! Der Pilger berichtet zudem über eine spätantike „Aromatherapie" durch „betörende Düfte", die die Baderäume erfüllten. Diese Kuren fanden nachts in einem separaten, kleineren Raum statt, wenn keine „normalen" Badegäste mehr anwesend waren, die sich von den Leprösen hätten gestört fühlen können.

In den verschiedenen byzantinischen Schichten entdeckte man eine Unmenge an Kleinfundmaterial, darunter auch unversehrte oder rekonstruierbare Gefäße aus den Wasserkanälen, sodass hier den heutigen Archäologen ganze Geschirrserien zur Auswertung und Datierung zur Verfügung stehen. Auch aus frühislamischer, umayyadischer Zeit gibt es zahlreiche Funde wie Fragmente von gläsernen Medizingefäßen des 8. und 9. Jhs., die auf eine ungebrochene Heiltradition am Ort hinweisen. Aus späterer Zeit gibt es dagegen nur vereinzelte Funde – vielleicht kamen immer noch Heilungssuchende, obwohl der Bau des Heilbades nach dem Erdbeben von 749 nicht mehr erneuert wurde.

Samaria – „Gehet nicht auf der Heiden Straße und ziehet nicht in der Samariter Städte …"

Samaria ist eine fruchtbare Bergregion in Zentralpalästina mit gleichnamigem Hauptort im heutigen muslimischen Dorf Sebastiye im palästinensischen Autonomiegebiet. Die Landschaft besteht dort – wie auf unserem Bild zu sehen – aus bewaldeten Hügeln, fruchtbaren Weiden und reichen Obstgärten. Dementsprechend war die Region seit vorgeschichtlicher Zeit immer dicht besiedelt. Die gleichnamige Stadt Samaria liegt an einer strategischen Wegkreuzung, die zu allen Zeiten von großer Bedeutung war: Hier kreuzten sich die Straßen zur Mittelmeerküste, nach Jerusalem und nach Galiläa.

In der Bibel wird Samaria mehrmals in negativem Licht dargestellt, so beim Treffen von Jesus mit der samaritanischen Frau am Jakobsbrunnen nahe Sichem am Fuß des Berges Garizim. An dieser bereits im Alten Testament erwähnten Stelle übertrug Jakob seinem Sohn Josef Land, auf dem letzterer auch begraben liegt. Zugleich verlief hier die nord-südlich ausgerichtete Hauptstraße des 1. Jhs. n. Chr. Es ist allseits bekannt, was dort passierte: Jesus rastete auf dem Weg von Jerusalem nach Galiläa an besagtem Brunnen und bat eine zufällig dort anwesende Frau um etwas Wasser. Die Frau, deren Name in der Ostkirche mit Photini („die Erleuchtete") überliefert wird, weigerte sich und antwortete schroff, dass die Samaritaner mit den Juden nichts zu schaffen hätten. Daraus entspann sich ein langes theologisches Gespräch, in dessen Folge sich einige Samaritaner von Jesu Worten bekehren ließen.

Zur Erklärung: Die ebenfalls aus dem Volk Israel hervorgegangenen Samaritaner hatten sich von den Juden im Streit um den wahren Ort der Gottesverehrung abgespalten. Während für die Juden nur der Tempelberg in Jerusalem in Frage kam, hielten die Samaritaner an dem von ihren Vorvätern genutzten heiligen Berg Garizim fest. Daraus entspann sich eine tiefe Feindschaft zwischen beiden Volksgruppen, die immer wieder in Übergriffen, Morden oder Tempelschändungen ihr Ventil fand. Obwohl die Juden die Samaritaner für irregeleitete Abtrünnige hielten, glaubten diese unter anderem ebenfalls an das Erscheinen des Messias, wodurch die gemeinsamen religiösen Wurzeln deutlich werden. Im Gegensatz dazu steht die positive biblische Geschichte vom „barmherzigen Samariter": Im Lukasevangelium wird erzählt, wie ein jüdischer Priester und ein Levit einen Schwerverletzten einfach auf der Straße liegen ließen, während ein Samaritaner anhielt und sich um den Mann kümmerte.

Die einfachere Route für galiläische Pilger auf dem Weg nach Jerusalem führte nämlich über das samaritanische Bergland, während die schwierigere Strecke direkt am Jordan entlang verlief. Da er jedoch Angriffe von Samaritanern befürchtete, riet Jesus seinen Jüngern, das Gebiet zu meiden, wie das Matthäusevangelium berichtet: „Gehet nicht auf der Heiden Straße und ziehet nicht in der Samariter Städte …"

Dabei war die Stadt Samaria im 9. – 8. Jh. v. Chr. die alte Hauptstadt des Königreiches Israel gewesen, die im Laufe der Geschichte immer wieder zerstört und neu aufgebaut wurde. Schließlich ließ Herodes d. Gr., der aus verschiedenen Gründen eine besondere Beziehung zu Samaria hatte, die Stadt im Jahr 30 v. Chr. zu Ehren des Augustus nach griechischem Polisvorbild neu errichten und in *Sebaste* („die Verehrungswürdige") umbenennen. Von da an entwickelte sich Samaria zu einer stark hellenisierten bzw. romanisierten Stadt, in der der Herrscher zudem 6000 seiner Soldaten in einer Veteranenkolonie ansiedelte. Aus der Zeit Herodes d. Gr. stammten bereits viele der später in der hohen Kaiserzeit prachtvoll ausgeschmückten Großbauten wie der Roma-und-Augustus-Tempel und das Forum samt Basilika, die erste Phase des Hippodroms und der Stadtmauer sowie erste Aquädukte. Die Mehrzahl der heute sichtbaren archäologischen Reste lassen sich allerdings erst in die fortgeschrittene Römerzeit und in die byzantinische Epoche datieren, während ihre Grundmauern oftmals herodianisch sind.

Außerdem rekrutierten die Römer gerne Samaritaner (*Sebastenoi*), die sie als Judenhasser und wehrhafte Krieger erlebt hatten: so etwa in dem brutalen Vorfall, der im Jahr 36 n. Chr. Pontius Pilatus sein Präfektenamt kostete. Er hatte anlässlich einer bewaffneten Versammlung von Samaritanern auf dem Berg Garizim viele von ihnen töten lassen, weil er einen Aufstand befürchtete. Im 1. Jüdischen Aufstand wurde die Stadt von den jüdischen Rebellen zerstört, aber sofort danach wieder aufgebaut. In byzantinischer Zeit löste die ebenfalls als Veteranenkolonie von Kaiser Vespasian gegründete Stadt *Neapolis*/Nablus Samaria als Hauptort ab, worauf dieses aufgegeben wurde. Erst in der Kreuzfahrerzeit besiedelte man die Ortslage erneut. Ein bedeutendes Bauwerk aus dieser Zeit ist die Johanneskathedrale, in der bis heute Reliquien vom Körper Johannes des Täufers verehrt werden. Im 13. Jh. wurde in den Überresten der christlichen Kirche eine Moschee eingerichtet, das mutmaßliche Johannesgrab aber blieb erhalten, da die Muslime den Täufer ebenfalls verehren.

Qumran – *„socia palmarum – nur die Palmen zur Gesellschaft"* (Plinius, Nat. Hist. V. 73)

Nur selten hat eine antike Fundstelle eine solche Kontroverse unter Theologen und Archäologen ausgelöst wie die Siedlung von Qumran. Wenn man den Ort heute besucht, so findet man ein anschaulich rekonstruiertes Ruinenfeld, das in der Tageshitze am Toten Meer flirrend hell vor sich hin leuchtet – inklusive des Blicks auf die am gegenüberliegenden Felsabhang sich auftuenden „Schrifthöhlen". Unser Bild zeigt die Landschaft am Nordende des Toten Meeres.

Diese Ruinen von Qumran besitzen aus zwei Gründen einen legendären Ruf: Zum einen galt der Ort lange Zeit als „Klosteranlage" der zölibatär-asketischen, weltabgewandten Essener-Sekte, zu deren Umfeld auch Jesus und Johannes der Täufer gehört haben sollen, zum anderen fanden sich ab 1947/49 in den Höhlen der nahegelegenen Steilhänge unschätzbar wertvolle Schriftrollen aus antiker Zeit. Wie selbstverständlich ging man seither davon aus, dass das postulierte „Essenerzentrum" und die Schriftrollen auf jeden Fall zusammengehören mussten.

Dies wird nach neuesten Forschungen aus gutem Grund bezweifelt. Die baulichen Reste auf Qumran werden neuerdings als zu einer befestigten Farm (*„fortified farmstead"*) gehörig betrachtet, auf der wie auf vielen weiteren Farmen an den Ufern des Toten Meeres Dattelpalmen und Balsam angepflanzt wurden und auf der man von der Landwirtschaft lebte – wer genau die Farm betrieb, ist nicht sicher, es könnten in der dritten Nutzungsphase durchaus Essener gewesen sein. Eine andere Möglichkeit ist, dass der Ort überhaupt nicht ständig bewohnt war, sondern nur zu bestimmten religiösen Festen wie z. B. Pessach aufgesucht wurde. Darauf weisen bestimmte Areale mit in Töpfen vergrabenem Küchenabfall hin. Jedenfalls ist die Siedlung zu klein, um selbst eine Gruppe von 200–250 Menschen (wie de Vaux mutmaßte) dauerhaft beherbergen zu können. Die Schriftrollen dagegen stammen wohl ursprünglich aus Jerusalem und wurden vielleicht mit Wissen der Bewohner von Qumran in den Höhlen versteckt, nicht jedoch zwingend von diesen selbst. Damit sind Interpretationen der Siedlung etwa als großes Skriptorium zur Schriftrollenproduktion hinfällig und auch der Bezug zu Jesus steht in Frage, der den Ort, soweit wir wissen, nie besucht hat.

Qumran stellt sich heute in der Rekonstruktion als ein großes, unregelmäßiges Areal bebaut mit verschiedenen Gebäuden dar, umgeben von einer Umfassungsmauer und ausgestattet mit einem um 100 v. Chr. zu datierenden massiven Turm als Zentrum. Dies alles ist nicht „aus einem Guss" entstanden, sondern weist mindestens vier verschiedene Bauphasen auf: Ursprünglich war es ein noch nicht befestigtes, reich ausgestattetes Landgut (und/oder sogar ein Luxusbadekomplex, so wie viele hasmonäisch-herodianischen Paläste) mit mehrfarbigen Fußböden aus *opus sectile*, Säulenstellungen und hellenistischen Stuckfriesen. Erst in der jüngeren Phase finden sich nach Um- und Anbauten diejenigen Charakteristiken, die den Ausgräber auf den Zusammenhang mit der dort beheimateten Sekte der Essener brachten, deren Lebensgewohnheiten sich durch die antiken Schriftquellen, wie Josephus oder Plinius, überliefert haben. Letzterer schrieb beispielsweise, dass die Essener in einer so abgelegenen und menschenleeren Region lebten, dass sie „nur die Palmen zur Gesellschaft hätten". Und genau dies, nämlich weit entfernt von weiteren menschlichen Siedlungen, war Qumran gerade nicht. Es ist nur eine innerhalb einer ganzen Reihe von Ufersiedlungen, worunter auch Heilbäder und Ferienorte wie Kallirrhoë zu nennen sind. Die Gegend ist zwar in jeder Hinsicht eine Herausforderung (zumindest in den heißen Sommermonaten), aber weltabgewandt ist sie sicher nicht!

Bleibt noch die beliebte, viel diskutierte Frage nach der Anwesenheit von „Frauen in Qumran", die sich nach heutigem Kenntnisstand überhaupt noch nicht sicher beantworten lässt. Ausgelöst hatten die Diskussion die erst viele Jahrzehnte nach der Ausgrabung durchgeführten anthropologischen Untersuchungen einiger weniger Gräber aus dem riesigen, zur Anlage von Qumran gehörenden Friedhof. Diese wiesen neben den zu erwartenden Männern auch Skelette von Frauen und Kindern nach. Bringt dieses Ergebnis die schöne Theorie von der asketischen Männergemeinschaft ins Wanken? Oder sind die Frauen und Kinder zufällig im Vorbeiziehen bestattete Beduinen? Aus archäologischer Sicht wird sich dies erst nach dem Ergraben eines bedeutend größeren Teils des Gräberfelds (und Analyse der etwaigen Beigaben) beantworten lassen.

Gerade auch wegen dieser noch ungelösten Fragen ist Qumran von so großer Bedeutung für die Siedlungsgeschichte der Region um das Tote Meer, die nach neuesten Ergebnissen der Forschung keineswegs so weltabgewandt und isoliert war wie zuvor angenommen. Die Siedlungen waren eingebunden ins Straßen- und Handelsnetz der damaligen Zeit und trotz der landschaftlichen Extreme durchaus in vergleichsweise kurzer Zeit erreichbar. Um völlig von der Welt entfernt zu sein, benötigte es eine weit und breit menschenleere Wüste, und das war das Gebiet am Ufer des Toten Meeres keineswegs.

Jerusalem – Sehnsuchtsziel und Konfliktzone

Jerusalem! Allein der Name dieser Stadt lässt Pilgerherzen seit Jahrhunderten höher schlagen – ob nun zur Zeit des 1. Salomonischen Tempels, in der frührömischen Epoche, der Kreuzzugszeit oder dem späteren Mittelalter – immer war die Heilige Stadt das Sehnsuchtsziel von Pilgern der bedeutendsten Weltreligionen: Neben den Juden verehren Christen und Muslime den Ort als heilig. Wie sehr diese Tatsache immer wieder zu Konflikten führt, ist hinlänglich bekannt und dürfte sich leider auch in den nächsten Jahrhunderten nicht ändern.

Das seit dem 5. Jahrtausend v. Chr. besiedelte Jerusalem wurde auf einem Höhenrücken des judäischen Berglandes erbaut und seither immer wieder erweitert, zerstört und wieder aufgebaut. Deshalb gilt die Stadt wenn nicht als Nabel der Welt, so doch als eine der wichtigsten Stätten des östlichen Mittelmeerraumes. Es handelt sich um eine Höhensiedlung zwischen den beiden tief eingeschnittenen Tälern Tyropoion und Kidron, deren bewohnbare Fläche nur etwa 800 x 200 m beträgt, sodass man schon bald in die tiefer gelegenen Regionen ausweichen musste. Höchste Erhebung ist der Tempelberg, der die Stadt bis heute imposant überragt und – nicht nur aufgrund der goldenen Kuppel des Felsendoms – für alle weithin sichtbar macht.

Seit frühester Zeit ist Jerusalem mit einer Mauer befestigt. Insgesamt sind es drei hellenistisch-römische Ausbaustufen, die sogenannte 1. bis 3. Mauer, die z. T. über Vorgängerbefestigungen liegen. Zahlreiche Türme der Stadtmauer(n) sind ebenfalls bekannt, darunter waren die drei von Herodes d. Gr. errichteten Türme Hippikos, Phasael und Mariamne (benannt nach dem Bruder, einem Freund und der Gattin) am eindrucksvollsten. Ihre Lage ist bekannt, ohne dass noch viel von ihnen erhalten wäre. Von Anfang an hatte dieser Mauerring einen Schwachpunkt im Norden, von wo aus alle Eroberungen der Stadt von den Römern bis zu Saladin erfolgten. Unser Bild zeigt eine Luftbildansicht des modernen Jerusalem von Norden aus über das heutige muslimische Viertel. Der helle Sakralbau im Vordergrund ist die im 12. Jh. von der ersten Königin von Jerusalem gestiftete Annenkirche; unmittelbar westlich davon liegen die kürzlich ausgegrabenen Reste der beiden Betesda-Teiche.

Oben auf dem Höhenrücken gibt es keine natürlichen Quellen, nur im Süden des Südostabhangs sprudelt der Gihon. Dies bedeutet, dass die allgemeine Wasserversorgung über sogenannte „Teiche" funktionieren musste, das sind große Wasserbecken oder Zisternen, die es auf allen Seiten der Siedlung gibt: die Strution- und Betesda-Teiche im Norden, der Teich des Hesekiah im Westen oder der Siloah-Teich im Süden. Erst ab der Römerzeit wurden auch Aquädukte eingerichtet.

Hellenisiert wurde Jerusalem unter den Nachfolgern Alexanders d. Gr., den Ptolemäern und Seleukiden, sodass ein reger Kontakt zur griechischen und später römischen Welt immer gegeben war. Aus der Frühzeit sind fast keine Baureste erhalten, da das gesamte Areal mehr als einmal überbaut wurde. Spätestens die Neubauten der Hasmonäer und Herodes' d. Gr. vernichteten alle früheren Spuren, ganz zu schweigen von den byzantinischen, arabischen und kreuzfahrerzeitlichen Überbauungen, die dann noch verbliebenes endgültig beseitigten. Dazu kommt, dass man am einzigen Ort, wo noch vorgeschichtliche oder hellenistisch-frührömische Relikte zu erwarten wären – dem Tempelberg – aus bekannten Gründen nicht ausgraben darf. So tauchen nur ab und zu nicht näher datierbare „frühe" Überreste in begrenzten Bodenaufschlüssen auf, die man nur aufgrund ihrer äußeren Form annäherungsweise zeitlich einordnen kann. Oft sind nicht einmal die in den Schriftquellen erwähnten oder sogar eingehender beschriebenen Bauten sicher zu verifizieren (so die öffentlichen Gebäude der Seleukiden- und Römerzeit wie das „Gymnasion unterhalb der Akropolis" oder das herodianische Theater und Amphitheater).

Allein die diversen Herrschersitze sind in ihrer Lokalisierung weitgehend gesichert – die Akra, die ab seleukidischer Zeit als Palast(festung) genutzt wurde, die hasmonäische Baris (befestigte Zitadelle) im Norden des Tempelareals, die später zu Ehren des römischen Feldherrn Marcus Antonius den Beinamen Antonia erhielt, sowie die beiden hasmonäischen bzw. herodianischen Paläste.

Die römischen Eroberer errichteten keine eigenen Bauten, sondern setzten sich – wie auch anderswo – in die vorhandenen Gebäude. So wurde die Festung Antonia als Wachtposten über das südlich davon gelegene Tempelareal genutzt, konnte aber aufgrund ihrer geringen Größe nur wenige Soldaten beherbergen. Der Statthaltersitz, das *praetorium*, in dem Pilatus bei seinen Besuchen in Jerusalem residierte, war im herodianischen Palast im Westen der Stadt untergebracht und umfasste die heutige (mittelalterliche) Zitadelle mit den Überresten der drei monumentalen herodianischen Türme; sowie im südlichen Anschluss daran den Bereich des Kishle (der ehemaligen osmanischen Polizeistation) und des Armenischen Gartens. Südlich davon lag das Militärlager (*stratopedon*), in dem schließlich nach dem Fall von Masada 73/74 n. Chr. und dem Ende des 1. Jüdischen Aufstandes die *Legio X Fretensis* stationiert wurde.

Jerusalem – Stadt der Lebenden und der Toten

Das Kidrontal begrenzt das Jerusalemer Stadtgebiet nach Osten hin. Sein östlicher Abhang, der Ölberg, ist auf eindrucksvolle Weise bedeckt von Abertausenden jüdischer Gräber aus allen Epochen, vor allem aber aus der Neuzeit. Bis auf den heutigen Tag empfinden Juden aus aller Welt die Sehnsucht, auf dem Ölberg begraben zu werden, um am Jüngsten Tag zu den Ersten zu gehören, die nach dem Erscheinen des Messias auf Erden auferstehen werden. Am Fuße des Berges entlang der nach Norden führenden Straße sind mehrere imposante Grabbauten in den anstehenden Fels gehauen: Die Gräber „des Absalom", „des Zacharias" und das dazwischen gelegene Grab der Priesterfamilie der Benei Hezir. Während die ersten beiden Benennungen in alttestamentlicher Tradition fiktiv sind, ist das Benei-Hezir-Grab als Einziges einer realen Priesterfamilie hasmonäischer Zeit zuzuweisen; es kann als Ältestes ins 2. Jh. v. Chr. datiert werden.

Entsprechende Grabbauten gibt es sowohl im Osten des Römischen Reiches (man denke an Petra oder Palmyra), aber auch verschiedene republikanische oder kaiserzeitliche Grabmonumente im Westen dürften als Vorbilder gedient haben. Innen sind die Grabfassaden mit den üblichen verschachtelten Felskammergräbern versehen, die jeweils ganze Großfamilien nach ihrem Tod aufnehmen konnten. Alle wurden noch in antiker Zeit geplündert, sodass eine Datierung allein über die Stilistik oder aber – wie im seltenen Fall des Benei-Hezir-Grabes – über Inschriften erfolgen muss. Auch für andere Jerusalemer Kammergräber werden entsprechend reiche Vorbauten postuliert, die aber bereits in der Antike abgetragen wurden (vgl. unten Grab des Kaiphas). Besaß auch das Grab des Josef von Arimatäa, das er Jesus zur Verfügung stellte, einen entsprechenden Vorbau? Auffällig ist, dass es in Jerusalem keine einfachen Gräberfelder aus simplen Senkgräbern zu geben scheint, wie wir sie etwa in Qumran kennen. Bedeutet dies, wie einige Forscher vermuten, dass jeder Einwohner der Stadt zumindest die Möglichkeit hatte, in einem größeren Kammergrab bzw. Ossuarium mitbestattet zu werden? Shimon Gibson nimmt jedenfalls an, dass es in der Stadt kaum arme Menschen ohne Arbeit gegeben habe, die sich derlei aufwendige Bestattung nicht hatten leisten können. Denn der damalige Pilgertourismus bescherte Jerusalem einen gewissen Wohlstand.

Hier noch einige kurze allgemeine Bemerkungen zum Bestattungsbrauch im antiken Judentum: Wie in allen Bereichen des Vorderen Orients war hier seit Jahrhunderten die Körperbestattung üblich und angesichts der hohen Temperaturen musste die Grablege möglichst bald nach dem Ableben erfolgen. Der oder die Verstorbene wurde in Leintücher oder Binden gehüllt, seltener mit einem Gewand bekleidet, mit Salböl gesalbt und im Haus aufgebahrt. Möglichst bald brachte man den Leichnam dann vor die Siedlung, denn wie in allen antiken Kulturen ist eine strenge Trennung der Bereiche der Lebenden und der Toten Vorschrift. Man legte ihn in einem einfachen Schachtgrab nieder, das mit Steinplatten und Erde verschlossen wurde, oder aber – hatte die Familie die nötigen finanziellen Mittel für ein aufwendigeres Kammergrab – der Leichnam wurde auf einer der Bänke oder in einer Vertiefung in der Erde niedergelegt. Diese aufwendigen Kammergräber wurden mit Steinplatten oder, wie im Falle von Jesus, mit einem sogenannten Rollstein verschlossen, was von vorneherein auf eine geplante Wiederöffnung für weitere Verstorbene bzw. Kulthandlungen hinweist.

War der natürliche Verwesungsprozess nach etwa einem Jahr abgeschlossen, wurden vom Familienvorstand bzw. Erben die Knochen aus den Überresten ausgelesen und nach erneuter Salbung mit Öl, in ein sogenanntes Ossuarium gelegt, das mit dem Namen des oder der Toten beschriftet werden konnte. Oft kam es auch vor, dass sich mehrere Mitglieder einer Familie schließlich zusammen ein solches Ossuarium teilten. Grabsteine oder sonstige obertägige Markierungen waren in der jüdischen Antike dagegen unbekannt.

Manche Toten wurden allerdings nicht mehr in Ossuarien umgebettet – in einem Kammergrab in der südlich von Jerusalem gelegenen Ortslage Akeldama fand sich im Jahr 2000 die aus dem 1. Jh. n. Chr. stammende, trotz Plünderung der Hauptkammer noch ungestörte Bestattung eines Mannes in einer der Seitenkammern (*loculus* oder *kokh*). Dieser offensichtlich wohlhabende und gepflegte Tote war noch in seine Leichentücher gehüllt, außerdem hatte sich ein Büschel seiner Haare erhalten. Die C14-Datierung wies ins frühe 1. Jh. n. Chr., die Detailuntersuchung der Stoffreste belegte ein qualitätsvolles Wollgewebe (!), während ein zweiter Rest von einem Leinentuch stammte (die jüdischen Reinheitsvorschriften verboten eine Mischung von pflanzlichen und tierischen Fäden in einem Gewebe) – selbst im trockenen judäischen Klima ein außergewöhnlicher Fund!

Als Grabbeigaben wurden in der Regel Gegenstände des persönlichen Bedarfs, die eng zum Lebensumfeld der oder des Verstorbenen gehörten, ausgewählt: Schuhe, Schmuck, Toilettgegenstände, wie Kämme oder Schminkutensilien, dazu „Wegzehrung" in verschlossenen Gefäßen. Erst ab der Spätantike kennen wir auch im Orient reichere Grabausstattungen mit einer Vielzahl von Gefäßen, Lampen und Schmuck, wobei im Einzelfall nicht sicher zu entscheiden ist, ob die Bestatteten Juden waren oder einer anderen religiösen Gemeinschaft angehörten.

Jerusalem – Tempel, Paläste und rituelle Tauchbäder

Jesus kam, wie Tausende von anderen mit, vor und nach ihm als Pilger in die „Stadt Davids". Er reiste zuerst mit seinen Eltern, später mit seinen Jüngern aus der mindestens vier Tagesreisen entfernten Region am See Gennesaret zu Fuß an. Nahm sich die Gruppe etwas mehr Zeit und kehrte unterwegs ein, war sie bis zu einer Woche unterwegs. Wahrscheinlich benutzte sie den Weg auf der Ostseite des Jordans durch Peräa, der bei den Galiläern als sicherer bevorzugt wurde. Wählte man hingegen den Weg über das samaritanische Bergland, konnte es gut sein, dass man überfallen wurde, denn die Samaritaner waren keine Freunde der Juden. Von dort kommend überquerte die Gruppe um Jesus bei Betabara (auch genannt das „Betanien jenseits des Jordans") den Fluss und näherte sich der Heiligen Stadt von Osten her. Im „zweiten Betanien", dem im Hinterland von Jerusalem gelegenen, kehrten sie bei ihrem Freund Lazarus und seiner Familie ein, bei denen sie Quartier für die Zeit ihres Aufenthaltes hatten.

Der Weg von Betanien nach Jerusalem führte über den Ölberg, wo sich im Gartengrundstück Getsemane ein weiterer Unterschlupf befand. Entlang der Mauer der Unterstadt gelangten Jesus und die Seinen zum Tor nahe des Siloah-Teiches, wo sie das eigentliche Stadtgebiet betraten. Von dort aus ging es direkt nach Norden, hin zum Tempelareal, durch die sogenannte Davidsstadt und über den Hügel Ophel. Von hier zogen sich bis an die Ausläufer der Oberstadt im Westen die großen herodianischen Wohnviertel hin, in denen vor allem Tempelangehörige wie die Familien der Hohepriester residierten (etwa das „Haus des Kathros", auch bekannt als das *burnt house*"). Nach der Annektierung Ostjerusalems 1967 grub Nahman Avigad in den Folgejahren viele dieser imposanten Wohnhäuser aus (Jewish Quarter Excavations), einige davon sind heute im archäologischen Garten südlich der Tempelmauer zu besichtigen. In diesen Häusern fanden sich umfangreiche Zerstörungsschichten, die auf die Eroberung Jerusalems durch die Truppen des Titus 70 n. Chr. zurückzuführen waren. Neben zerstörtem und verbranntem Hausrat fanden sich auch Anzeichen für die jüdische Gegenwehr sowie einzelne römische Waffen oder Ausrüstungsteile, die das Chaos dieser Einnahme bis heute begreifbar machen.

Sicherlich nahmen die Reisenden irgendwo entlang des Weges nach Norden auch die notwendigen rituellen Reinigungen vor, ohne die sie den eigentlichen Tempel nicht betreten durften. Sie schritten dann mit vielen anderen Gläubigen die unterirdischen Stufen an den Hulda-Toren hinauf und erreichten in der von Herodes d. Gr. prunkvoll errichteten Königlichen Halle wieder das Tageslicht. Dieser Neubau des Jerusalemer Tempels war die Krönung der umfangreichen Bautätigkeit dieses Königs, dessen Allerheiligstes er selbst, als Nicht-Priester, nicht einmal betreten durfte. Um darüber hinaus noch einen persönlichen Akzent zu setzen, ließ er die große Königliche Halle auf der Südseite des Tempelareals anfügen. Hier standen vermutlich die Tische der Opfertierhändler und Geldwechsler, die Jesus schließlich in einem Wutanfall umstieß und deren Betreiber er verjagte. Doch allzu großen Wirbel hatte diese Aktion offenbar nicht verursacht, denn schon bald darauf konnte er wieder unbehelligt weiter lehren, ohne von der Tempelpolizei verhaftet oder angeklagt zu werden. Während seiner letzten Woche in Jerusalem kam Jesus jeden Tag in den Tempel, um zu predigen und zu lehren.

Lediglich bei seinem letzten Aufenthalt in Jerusalem ging er nicht zu Fuß, sondern bediente sich eines jungen Esels, auf dem er unter den Jubelgesängen der Zuschauer in die Stadt ritt. Doch wie viele jubelnde Menschen darf man sich hier vorstellen? Sicherlich keine unüberschaubare Masse. Es ist unklar, ob die Zugangsstraßen und Tore anlässlich des Festtrubels von römischen Soldaten bewacht wurden – denkbar wäre es, um etwaige Unruhen im Keim zu ersticken. Daher wird die Menschentraube, die Jesus folgte, nicht allzu groß gewesen sein, um keinen Argwohn zu erwecken. Kleinere jubelnde Gruppen kamen angesichts des hohen Festes immer wieder vor, gefährlich wurde es erst bei größeren, singenden oder skandierenden Menschenmassen.

Unser Bild zeigt die südliche Umfassungsmauer des Tempelareals mit den vorgelagerten, ausgegrabenen und teilrekonstruierten Wohnbauten. Ganz links oben in der Ecke der Tempelplattform ist ein Teil der Kuppel der al-Aqsa-Moschee zu sehen, nicht mehr im Bild befindet sich links um die Ecke die Westmauer des Tempelareals, die sogenannte Klagemauer, die im jüdischen Kult eine immense Rolle spielt. Lange nahm man an, sie sei eines der wenigen erhaltenen Zeugnisse des herodianischen Tempelbaus, doch neueste Ausgrabungen in einem darunter gelegenen Entwässerungsgraben belegen, dass dieser Bauabschnitt erst unter dem Urenkel des großen Herodes, Herodes Agrippa II., gut ein Vierteljahrhundert nach dessen Tod fertiggestellt wurde. In einer Mikwe fanden sich dort neben Lampenfragmenten einige vom Amtsvorgänger des Pilatus, dem Präfekten Valerius Gratus (der von 15–26 n. Chr. amtierte), geprägte Münzen, die auf das Jahr 17 n. Chr. datiert werden können. Dieser Neufund bestätigt übrigens eine gleichlautende Aussage des Flavius Josephus.

Betanien – *„Lazarus, komm heraus!"*

Das Betanien der Bibel liegt 15 Stadien (knapp 4 km) südöstlich von Jerusalem am Ostabhang des Ölberges an der Straße nach Jericho und war zur Zeit Jesu eine gute Stunde Wegstrecke von der Stadt entfernt. Der Ort war Teil des bäuerlichen Hinterlandes von Jerusalem: ein relativ wohlhabendes Dorf, das vom Oliven- und Obstanbau sowie vom Ertrag der Weinberge lebte. Aus dem antiken Betanien gibt es eine Menge frührömische Lesefunde aus Keramik – auch wenn nicht viel an antiker Bausubstanz ausgegraben wurde, belegt das doch die Bedeutung des Ortes im 1. Jh. n. Chr. Etwa im 14. Jh. wurde die Stätte allerdings aufgegeben. Das heutige arabische Dorf in der Westbank heißt el-Azariye, wobei sich im arabischen Namen noch das griechische „Lazarion", „Ort des Lazarus" widerspiegelt.

In Betanien wohnten Lazarus und seine Schwestern Maria und Marta, mit denen Jesus viele Jahre lang befreundet war und bei denen er immer wieder einkehrte, wenn er nach Jerusalem kam. Einmal erhielt er unterwegs die Nachricht, Lazarus wäre erkrankt und läge im Sterben. Daher erstaunt Jesu Reaktion: Anstatt sich sofort nach Betanien auf den Weg zu machen, wartete er noch ganze zwei Tage, ehe er von Betabara in der Peräa aus aufbrach. Lazarus war jedoch schon gestorben und begraben, als er endlich in Betanien eintraf. „Er riecht schon", sagte die ihm entgegenkommende Marta vorwurfsvoll zu Jesus, meinte also er sei schon in Verwesung übergegangen. Außerdem fügte sie hinzu: „Wenn du früher gekommen wärest, wäre er nicht gestorben." Doch Jesus hatte etwas anderes im Sinn, eine Art Glaubensdemonstration: Er wollte die Schwestern durch die Wiedererweckung des Bruders zum Glauben bewegen. Tatsächlich ging er zum Grab und rief „Lazarus, komm heraus", was dieser auf wundersame Weise noch in seine Leichentücher gewickelt tat. Diese Szene ist eine der am häufigsten dargestellten in der (früh-)christlichen Ikonografie. Oftmals wirkt Lazarus in seinen kreuzweise gewickelten Leinenbinden tatsächlich wie eine ägyptische Mumie, die aber hier nicht dargestellt sein kann, da in Palästina Verstorbene nicht einbalsamiert wurden wie zur selben Zeit in Ägypten.

Entgegen der Theorie einiger Forscher konnte Jesus nicht davon ausgehen, Lazarus läge „nur" im Koma oder habe einen epileptischen Anfall erlitten, was eine Erklärung für dessen plötzliche Auferstehung wäre. Dazu hätte Jesus die Vorgeschichte des Patienten genau kennen und sich bei seiner Heiltätigkeit mehr oder weniger intensiv mit antiker Medizin befassen müssen, bevor oder während er als „Wunderheiler" durch die Lande zog. Dazu haben wir aber keinerlei Quellen. Allerdings war das Krankheitsbild der Epilepsie in der Antike durchaus schon beschrieben worden, man denke an Iulius Caesar, der bekanntermaßen Epileptiker war. Zudem hatte die Verwesung bei Lazarus eindeutig schon eingesetzt, nachdem er vier Tage im Grab gelegen hatte, da dieser eben „schon roch". Tatsache ist jedenfalls, dass die weithin publik gemachte Erweckung des Lazarus ein erneutes Ärgernis oder sogar eine Provokation für Jesu' Gegner war, die immer mehr auf seinen Tod drängten. Diesen nahm wiederum Maria vorweg, als sie Jesus bei seinem letzten Besuch wie einem König (oder einem Toten) die Füße mit teurem Salböl salbte. Hatte sie tatsächlich eine Vorahnung?

Eusebius erwähnte im 4. Jh. n. Chr. ein Lazarusgrab, das in Betanien den Pilgern zusammen mit einem Kirchenbau gezeigt wurde. Bereits damals nannte man Betanien „Lazarion", wie wir aus den Pilgerberichten des Anonymus von Bordeaux, der Egeria und des Hieronymus wissen.

Bei der Grabhöhle, die unser Bild hier zeigt, handelt es sich ursprünglich um ein typisches frühes Kammergrab mit vertieften Arkosolien und in den Boden eingetiefter Grube, doch im späten Mittelalter veränderte man es zu Kultzwecken so stark, dass man heute die frührömische Anlage darunter kaum mehr erkennen kann. Es ist nur noch wenig anstehender Fels zu sehen, dafür die Mauern und der Verputz der Überarbeitung. Der örtliche Kalkstein ist außerdem sehr weich und erhält sich schlecht, was möglicherweise der Grund für die Ausbesserungen war.

Heute ist der Bereich um das Lazarusgrab sowohl für Christen als auch für Muslime ein Heiligtum. Mehrere Kirchen der spätantiken und byzantinischen Zeit lösten einander ab, von denen sich zum Teil noch sehr gute Mosaiken mit floralen und geometrischen Mustern erhalten haben. Im Atrium der ersten byzantinischen Kirche entstand eine Moschee, die den Grabeingang für Christen zeitweise blockierte. Erst 1612 erhielten die Franziskaner die Erlaubnis, einen neuen Eingang zum Lazarusgrab auszuheben und für Pilger begehbar zu machen. Die heutige, ab 1952 durch den bereits erwähnten italienischen Architekten Antonio Barluzzi errichtete Kirche neben dem Grab besitzt die ungewöhnliche Form eines gleichschenkligen lateinischen Kreuzes. Der Bau wirkt durch das Fehlen von Fenstern so streng, dass er an einen Grabbau erinnert. Licht gelangt allein durch die Kuppel ins Innere – eine faszinierende architektonische Lösung!

Jerusalem – lebendiges Wasser

Als eine der wenigen antiken Großstädte liegt Jerusalem nicht an einem Meer oder Fluss, sodass seine Wasserversorgung von Anbeginn an problematisch war. Angewiesen war Jerusalem auf eine einzige kleine Quelle, den Gihon, im Südosten der Stadt, sowie auf teils sehr große Zisternen und Wasserreservoirs, die sich im gesamten Stadtgebiet verteilten. Gerade für einen Ort, an dem schon aus rituell-religiösen Gründen sehr viel Wasser benötigt wurde, ist dies eine durchaus prekäre Ausgangslage. Der Bau von Aquädukten begann schließlich erst in römischer Zeit.

Zumindest die beiden größten dieser Speicherbauten, der Betesda- und der Siloah-Teich, gelegen im Norden bzw. Süden der Tempelplattform, sind wohl keine reinen Wasserreservoire, sondern überdimensionierte Ritualbäder. Dort reinigten sich die Gläubigen, bevor sie in den Tempelbereich zugelassen wurden, was aufgrund der großen Zahl von Menschen nicht in einzelnen kleineren Mikwaoth möglich gewesen wäre. Einen Hinweis auf die Nutzung der „Teiche" als Schwimmbecken gibt zudem der griechische Name *Kolymbethra*, was „Schwimmbad" bedeutet. Ein zweiter, für den Betesda-Teich überlieferter Name, der „Schafteich", bezieht sich entweder auf die Nähe zum Schaftor im Norden der Stadtmauer, und/oder könnte die Nutzung des Teiches zum Tränken und Baden der von der Weide kommenden Schafe bezeichnen. Dies ist bislang nicht zu klären.

Als Hinweis auf einen neben der kultischen Reinigung möglichen Heilkult ist insbesondere der Betesda-Teich aufschlussreich: Sein aramäischer Name bedeutet „Haus der Gnade", was schon auf den dort erhofften Heilungsvorgang vorausweist. Der „Teich" bestand aus zwei miteinander verbundenen, nicht völlig rechtwinkligen Becken, wobei nur das südliche (dem Tempel näher gelegene) Stufen zum Hineingehen aufwies. Das nördliche dagegen barg Wasser, das *otsar* (Schatz) genannt wurde, da es im Notfall ins südliche Becken zugeleitet werden konnte, wenn dort ein bestimmter Wasserstand unterschritten wurde. Beide Becken waren von Wandelgängen gesäumt: einer auf jeder Seite sowie ein fünfter auf der Verbindungsmauer zwischen den beiden Becken. Bis ins 19. Jh. galt der biblische Betesda-Teich als literarische Fiktion, da er archäologisch noch nicht nachgewiesen war – heute gilt er als Beweis dafür, dass insbesondere das Johannesevangelium entgegen früherer Annahme sehr genaue topografische Beschreibungen der biblischen Schauplätze enthält. Archäologisch ist allerdings erst eine Nutzung ab römischer Zeit nach der Zerstörung im Jahre 70 n. Chr. nachgewiesen, als die Teiche Teil eines Aesculap-Heiligtums wurden. Dies belegen Funde von für römische Heilbäder typischen Votivgaben.

Der Betesda-Teich wird in der Bibel als derjenige Ort beschrieben, an dem Jesus einen gelähmten Mann heilt, der fast 40 Jahre seines Lebens krank war. Die Kranken und Behinderten lagerten in den Wandelgängen rund um die beiden Becken, bis zu bestimmten Zeiten durch Zuleitung von Frischwasser das Wasser „aufwallte", sich also bewegte. Dann war für die Patienten der Moment gekommen, ins Wasser einzutauchen bzw. sich von jemandem hineintragen zu lassen. In byzantinischer Zeit wurde das Areal dann mit einer Kirche überbaut, die unmittelbar in der Nähe der kreuzfahrerzeitlichen Annenkirche liegt, jedoch die antiken Überreste nicht tangiert.

Der Siloah-Teich ist ebenfalls ein in den anstehenden Fels gehauenes Becken, das mittels zwei Aquädukten und dem eisenzeitlichen Hiskia-Tunnel gespeist wird. Er wurde erst 2004 entdeckt und bestätigt ebenfalls die Beschreibungen, die sich in der Bibel finden. Heute ist er Teil des Archäologischen Parks im Süden der Davidsstadt. Seine genaue Funktion ist noch nicht gesichert, in Frage kommen, wie beim Betesda-Teich, ein Wasserreservoir, ein Schwimmbad, eine Mikwe für Pilger oder ein Heilbad, vermutlich aber handelte es sich um eine Kombination aus allen gleichzeitig. Es ist unklar, ob der Teich ursprünglich unterirdisch oder aber zum Himmel hin offen war wie die Betesda-Teiche. Sein Aussehen zur Jesuszeit ist bislang noch nicht geklärt, doch wird mehrfach die Heilkraft des Wassers betont. Der Siloah-Teich wird mit Jesu Wunder der Heilung des Blinden in Zusammenhang gebracht, dessen Augen er mit einem Erdbrei bestrich und dem er befahl, sich im Siloah-Teich zu waschen, worauf prompt die Heilung erfolgte. An dieses Wunder erinnerte die zu Beginn des 5. Jhs. gestiftete Kirche der Kaiserin Eudokia, die auch die architektonische Fassung des Siloahbeckens neu hatte gestalten lassen, deren Überreste auf unserem Foto abgebildet sind.

Jesus wurde während seiner Predigttätigkeit auch als Heiler verehrt und aufgesucht, sodass man davon ausgehen kann, dass er sich eine gewisse Kenntnis über Krankheiten oder Behinderungen erworben hatte. Selbst Herodes Antipas hatte davon gehört, und als Pilatus Jesus an ihn überwies, war dieser ganz begierig zu erfahren, ob Jesus denn „Zeichen und Wunder" wirken könne. Schließlich war dies etwas, was der ein Jahr zuvor von ihm hingerichtete Johannes der Täufer nicht gekonnt hatte.

Jerusalem – ein Abendmahl im *triclinium*

Eines der großen Rätsel der Jesusforschung ist die Lokalisierung des Abendmahlsaales. Das den Pilgern traditionell gezeigte „coenaculum" kann nicht der originale Raum sein, da das Gebäude erst in der Kreuzfahrerzeit entstanden ist, wie man gut an der Form der Gewölbe erkennen kann. Bereits in den 1330er-Jahren wurde dieser Bau von den Franziskanern erworben und diente verschiedensten religiösen Zwecken: Ursprünglich beherbergte er eine judenchristliche Kirche bzw. Synagoge, in muslimischer Zeit eine Moschee, heute befindet sich im Untergeschoss eine Talmudschule. Und: Immerhin liegt das *coenaculum* in der „richtigen Ecke" der Stadt, am Abhang des Zionsberges! Spätestens ab dem 4. Jh. n. Chr. wurde den Pilgern stets ein Raum am Zionsberg (u. a. Egeria im Jahr 384 n. Chr.) gezeigt, ob es sich aber um den „Vorgänger" des hier abgebildeten handelte, muss offen bleiben. Die Juden verehren an gleicher Stelle das Grab Davids, von dem laut Bargil Pixner noch drei Wände im gotischen Bau erhalten wären. Heute liegt das *coenaculum* in unmittelbarer Nähe der von Kaiser Wilhelm II. gestifteten und 1910 geweihten Dormitio-Kirche, die auf den Überresten von byzantinischen und kreuzfahrerzeitlichen Vorgängerbauten errichtet wurde.

Der israelische Archäologe Shimon Gibson nimmt für den Abendmahlsaal eine unmittelbare Nähe zum Siloah-Teich an, denn diese Region Jerusalems liegt dem Weg nach Westen und damit nach Betanien am nächsten. Vor allem aber, so argumentiert er, muss der angemietete Saal in einem mehrgeschossigen Privathaus gelegen haben, da bei Johannes ausdrücklich von einem Obergeschoss die Rede ist. Einige entsprechende Häuser konnten am östlichen Abhang der Oberstadt ausgegraben werden, während es in der Unterstadt dagegen vorwiegend eingeschossige Häuser gab.

Das Wort „*coenaculum*" bedeutet allerdings sowohl „Speisesaal" als auch „Raum im Obergeschoss". Angeblich war es auch der erste christliche Versammlungsraum, in dem sich die Jünger nach der Kreuzigung mehrmals zusammenfanden und in dem sie schließlich nach der Auferstehung von Jesus aufgesucht wurden und an Pfingsten den Heiligen Geist empfingen.

Im Johannesevangelium wird der Raum als einfaches *triclinium* im antiken Stil mit Matten zum Sitzen oder Liegen beschrieben. Es scheint zur Jesuszeit zumindest in größeren Städten wie Jerusalem üblich gewesen zu sein, nach griechisch-römischer Sitte im Liegen zu speisen. Sämtliche westlichen Abendmahlsdarstellungen mit langen („europäischen") Tischen sind daher als unzutreffende Interpretationen zu werten und mit den Genreszenen von der Geburt Jesu in einem Stall statt einer Höhle vergleichbar. Es gibt ein – zugegebenermaßen in spätere Zeit zu datierendes – Mosaik aus Sepphoris, das ein Bankett in einem *triclinium* zeigt. Diese Art des Einnehmens einer Mahlzeit war also auch im Osten üblich und lässt sich möglicherweise sogar bis heute im Orient verfolgen.

Nach dem Letzten Abendmahl kehrte Jesus mit seinen Jüngern nicht nach Betanien zurück, sondern suchte eine Grotte im Garten Getsemane auf, in der sie schon mehrfach Unterschlupf gefunden hatten und sich ab und zu auch tagsüber trafen. Vielleicht war ihnen der Weg nach Betanien in der Nacht einfach zu weit oder aber Jesus hatte bereits Vorahnungen von dem, was kommen würde. Der Name „Getsemane" bedeutet „Ölpresse" und bezieht sich auf die landwirtschaftliche Nutzung des auf gleicher Höhe mit dem Nordende der Tempelplattform am Fuße des gegenüberliegenden Ölberges befindlichen Areals (vgl. Essay „Historischer oder literarischer Jesus?"). Einer der frühesten Pilger, der den Platz besuchte, war der Anonymus aus Bordeaux im Jahr 333 n. Chr.

Jerusalem – Jesu Leidensweg folgen

Eines der wichtigsten Elemente einer Jerusalemwallfahrt ist das Abgehen der Via Dolorosa, was die meisten Pilger aus aller Herren Länder auch mit großer Inbrunst tun. Kaum einer von ihnen weiß, dass der Verlauf des Weges nicht den antiken Schauplätzen folgt. Der Weg, der heute den Gläubigen als Leidensweg Christi gezeigt wird und auf dem sie betend und meditierend das Schicksal des Messias nacherleben (s. Bild gegenüber), ist nicht der antike Schauplatz der Ereignisse um Prozess und Tod des Gottessohnes, sondern wurde erst im Mittelalter abgesteckt, um die wachsenden Pilgermassen besser kanalisieren zu können. So ist der heutige Weg mit seinen 14 oder 15 Stationen zwar kontemplativ bedeutend, nicht jedoch aus archäologischer Sicht. Allein die Grabeskirche, auf die wir gleich zurückkommen werden, umfasst zwei der tatsächlichen Schauplätze, nämlich den Hügel Golgata, auf dem Jesus starb, und den Platz, an dem er begraben wurde. Trotzdem lohnt sich ein Blick auf den über Jahrhunderte hinweg abgeschriebenen Weg.

Erste Hinweise auf eine organisierte Pilgerroute entlang der in der Bibel genannten Schauplätze stammen aus byzantinischer Zeit, als man am Gründonnerstag eine vom Gipfel des Ölbergs ausgehende Prozession durch das Löwentor bis hin zur Grabeskirche führte. Allerdings kannte diese Prozession noch keine der später üblichen Stationen oder Haltepunkte. Ab dem 8. Jh. verlief ein weiterer Prozessionsweg über den westlichen Zionsberg, über das angebliche Haus des Kaiphas bis zur Grabeskirche – im modernen Rückblick die authentischste Route von allen! Im fortgeschrittenen Mittelalter entwickelten sich zwei konträre Lager, die den Weg nicht nach etwaigen antiken Gegebenheiten ausrichteten, sondern danach, an welchem Ort sie ihre Kirchen besaßen. Wer eine Kirche auf dem westlichen Zionsberg hatte, ließ die Pilger dort entlang gehen, wer Kirchen im Osten besaß, lenkte sie in seinem Sinne über den Ölberg bis zur Antonia. Dies dauerte so lange an bis Papst Clemens VI. im 14. Jh. in seiner Bulle *Nuper Carissimae* die Kustodie des Heiligen Landes und somit die Betreuung aller westlichen Pilger den Franziskanern übertrug, was bis heute Bestand hat. So begannen diese um 1350 mit offiziellen Exkursionen von der Grabeskirche bis zum „Haus des Pilatus" – also genau in entgegengesetzter Richtung. Zudem gibt es Belege für einen ringförmigen Andachtsweg, der an der Grabeskirche begann und endete.

Erst im frühen 16. Jh. kehrten sie den Weg wieder um, folgten nun den in der Bibel dargestellten Stationen in chronologischer Reihenfolge und erfanden neue dazu, wo sich die Evangelien ausschwiegen. So wurden Begegnungen Jesu auf seinem Leidensweg ausgeschmückt, etwa mit Simon von Kyrene, mit seiner Mutter Maria, mit den Jerusalemer Frauen oder mit Veronika, die ihm das Schweißtuch reichte. Dies alles hatte immensen Einfluss auf die Kultpraxis in Europa, bei der sich immer mehr eine Orientierung der Gottesdienste an den Jerusalemer Kreuzwegstationen sowie meditationsartige Andachtsübungen durchsetzten. Abschriften der von den Franziskanern verfassten sogenannten *Meditationes de vita Christi* (MVC, auch Pseudo-Bonaventura genannt) verbreiteten sich in der Folgezeit auf Latein sowie in vielen Volkssprachen durch ganz Europa. Dies belegt den dringenden Wunsch der Gläubigen nach Sicherheit, nach den wirklich authentischen Schauplätzen und Geschichten, denn wie schon Egeria im 4. Jh. n. Chr. bezweifelten auch die Pilger des Spätmittelalters prinzipiell die Aussagen ihrer Fremdenführer. Trotzdem fluktuierten die Kreuzwegstationen für gut 500 weitere Jahre, bevor sich im 19. Jh. endlich ein allgemeiner Konsens über die wichtigsten Stationen (I, IV, V, VIII) durchsetzen konnte.

Der interessanteste Punkt an der traditionellen Via Dolorosa ist ihr Beginn: Nach seiner Verhaftung im Garten Getsemane wäre Jesus direkt durch das nur wenige hundert Meter entfernte Löwen- oder Stephanstor in die Stadt und, dem späteren nördlichen *decumanus* folgend, zur dort gelegenen Festung Antonia gebracht worden – dieser direkte Weg macht zwar deutlich mehr Sinn als nach der Verhaftung in Getsemane erst wieder das gesamte Kidrontal nach Süden zu durchqueren, um nahe des Siloah-Teiches in die Stadt zu gelangen und dann noch durch die halbe Oberstadt bis zum Haus des Kaiphas zu ziehen. Nur: So einfach ist es dann doch nicht, da die Festung Antonia eben nicht das Ziel des Verhaftungstrupps war.

Bereits Philo von Alexandria und Josephus hatten im späten 1. Jh. n. Chr. geschildert, dass die Präfekten Judäas im herodianischen Palast residierten, solange sie in Jerusalem weilten und dort auch zu Gericht saßen. Von der Festung Antonia ist in diesem Zusammenhang dabei nicht die Rede. Neue Ausgrabungen im Bereich der Zitadelle und des Jaffators im Westen sowie südlich davon im Armenischen Garten scheinen dies zu bestätigen: Shimon Gibson legte einen gepflasterten Bereich über dem von ihm so genannten Essener-Tor frei, den er überzeugenderweise für diesen Gerichtsplatz (*bema*) beim Herodespalast hält.

Jerusalem – *„Seht, welch ein Mensch!"*

Zwischen II. und III. Kreuzwegstation überspannt der sogenannte Ecce-Homo-Bogen die Via Dolorosa (s. Bild gegenüber). Hier befand sich angeblich der Ort, an dem Pilatus laut dem Johannesevangelium auf Jesus deutend ausrief „Seht, welch ein Mensch!" und den geschundenen, mit Dornenkrone und Purpurmantel als König der Juden verhöhnten Mann den aufgebrachten Massen präsentierte. Aufgrund der heutigen korrigierten Lokalisierung des Prätoriums ist diese Episode ebenfalls in den Bereich des Herodespalastes im Westen der Stadt zu verlegen.

Der Ecce-Homo-Bogen ist eines der einprägsamsten Monumente Jerusalems, das illustriert, wie die historischen Epochen im Laufe der Jahrhunderte zwangsläufig ineinander hineingewachsen sind. Heute ist er in ein Gewirr von Gebäuden integriert und ragt über eine Gasse aus durch Millionen Füße blank polierten Pflastersteinen. Gleich daneben befindet sich die neuzeitliche Ecce-Homo-Basilika, in die ein weiterer der insgesamt drei Bögen verbaut ist, während der dritte auf der anderen Gassenseite zusammen mit dem Gebäude, das ihn umfasste, abgerissen wurde. Eigentlich aber handelt es sich um den Rest eines ehemals dreitorigen hadrianischen Bogenmonuments, das man lange Zeit für einen Teil des Tores der Festung Antonia hielt. Dieser dreifache Bogen markierte demnach ursprünglich das nördliche Ende des östlichen Forums der hadrianischen *Aelia Capitolina* und überspannte die Straße in Richtung Jordan. Das eindeutig römische Pflaster in diesem Bereich ist ebenfalls nicht jesuszeitlich, sondern gehört zur Pflasterung des erwähnten Forums.

Dieses zweite Forum wurde zum Teil auf dem überwölbten Strution-(Spatzen-)Teich errichtet, der früher offen zugänglich war und heute noch immer unter den tonnengewölbten Substruktionen des Forums seinen Dienst als Wasserreservoir erfüllt. Identifiziert wurde er 1867/70 durch Charles Warren an der Nordwestecke der Tempelplattform. Aufgrund der in den Fels geschlagenen Stufen diente auch der Strution-Teich ehemals als Groß-Mikwe, vergleichbar etwa mit dem Betesda-Teich. Er kann aufgrund von Funden möglicherweise sogar prä-herodianisch datiert werden. Gleich im Anschluss liegt der heiß umkämpfte Western-Wall-Tunnel, dessen Öffnung für Touristen 1996 einmal mehr die Spannungen zwischen Palästinensern und Israelis schürte.

Als weitere Station (VI) der traditionellen Via Dolorosa soll hier das „Haus der Veronika" erwähnt werden, einer nicht in der Bibel vorkommenden Frauengestalt. Angeblich habe sie dem das Kreuz tragenden, leidenden Christus ihren Schleier oder auch ein simples Tuch (*soudarion*) gereicht, um seinen Schweiß zu trocknen – auf wundersame Weise erschien daraufhin das Gesicht des Heilands bleibend abgebildet auf dem Tuch. Der Name „Veronika" bildet zudem das Kofferwort *vera icon*, also „wahrhaftiges (Ab-)bild" des Herrn und als solches wurde es ab dem Mittelalter verstanden. Daher muss unsicher bleiben, was zuerst da war, die Geschichte vom Schweißtuch oder die Figur der Veronika. Ab dem 14. Jh. gehört die Veronika-Legende zu einer der am häufigsten abgebildeten, nicht in der Bibel vorkommenden Christuslegenden.

Das in Rom befindliche *„vera icon"* ist eines der als *„mirabilia urbis"* bezeichneten Heiltümer, für dessen Anbetung entsprechender Ablass zu erlangen ist. Angeblich wurde das in Gold gefasste Abbild beim Sacco di Roma im Jahr 1527 gestohlen, andererseits wird es – so als sei nichts gewesen – weiterhin im Vatikan gezeigt: Das Schicksal des Tuches sollte rätselhaft bleiben, nachdem ein mittelalterlicher Aufruf, alle unautorisierten Kopien im Vatikan abzugeben, ohne Ergebnis blieb. Es gibt heute abgesehen von der in Rom noch weitere Reliquien, die für sich in Anspruch nehmen, das Tuch der Veronika zu sein: das berühmte Exemplar in der Hofburg in Wien sowie zwei weitere in Jaén und Alicante in Spanien. Sie alle ziehen bis auf den heutigen Tag Gläubige an; sind jedoch nicht zu verwechseln mit dem unten noch zu erwähnenden Turiner Grabtuch!

Der den Pilgern in Jerusalem gezeigte Ort wurde erst spät, 1883, als solcher „identifiziert" und dort die „Kapelle des Heiligen Antlitzes" errichtet, die heute vom Orden der „Kleinen Schwestern Jesu" verwaltet wird. Die ältesten in diesem Bereich zu findenden Bauüberreste gehören in das 12. Jh. und dennoch wird das ursprüngliche Haus der Veronika an dieser Stelle lokalisiert – aus archäologischer Sicht reine Spekulation.

Jerusalem – *„Ich will diesen Tempel abbrechen"*

Das nebenstehende Bild zeigt die hasmonäische Treppe neben der Kirche S. Peter in Gallicantu am Ostabhang des Zionsbergs im Süden der Jerusalemer Altstadt. Traditionell wird sie als „letzter Weg" Jesu in Freiheit bezeichnet, da dies angeblich der Pfad war, den er nach dem Abendmahl mit den Jüngern nach Getsemane zurücklegte, um ihn nur wenige Stunden später in umgekehrter Richtung als Gefangener der Tempelpolizei erneut hinaufzusteigen. Man führte ihn zum vermutlich auf dem Zionsberg gelegenen Palast des Hohepriesters Kaiphas, um ihn vor Mitgliedern des Sanhedrin zu verhören, wo Jesus schließlich auf die Frage, ob er der Sohn des Allerhöchsten sei, die verhängnisvollen Worte aussprach „Ich bin's" (nach Mk 14, 62). Damit war für den Sanhedrin der Tatbestand der Gotteslästerung erfüllt, der nur mit dem Tod geahndet werden konnte. Die Polizisten wussten, dass sie Jesus im Garten Getsemane suchen mussten, denn er hatte schon öfter dort übernachtet und Judas kannte den Weg. Trotz all seiner Heil- und Predigttätigkeit in Jerusalem war Jesus jedoch noch nicht so bekannt, dass die Soldaten und Tempelpolizisten ihn in der Dunkelheit aus der Menge heraus erkannt hätten. Deshalb war auch der sprichwörtliche Judaskuss notwendig.

Eine besonders tragische Rolle bei der Verhaftung spielte auch Petrus – zunächst unternahm er mit seinem Schwert einen verzweifelten Rettungsversuch und schlug einem der Diener ein Ohr ab. Dabei dürfte es sich eher um ein Kurzschwert oder großes Messer gehandelt haben, denn „richtige" Schwerter, römische *gladii*, trugen nur Soldaten. Zurück auf dem Zionsberg im Anwesen des Kaiphas dann verleugnete er seinen Herrn dreimal, bevor der Hahn krähte – Petrus durfte ihn nicht bis zum Verhör begleiten und wartete daher im Hof am Feuer, wo er von mehreren Menschen erkannt wurde. Darauf weist heute der Name der nahegelegenen Kirche, S. Peter in Gallicantu, St. Peter zum Hahnenschrei, die 1931 errichtet worden ist, deren Vorgängerbau aber bereits im Itinerarium Burdigalense (333 n. Chr.) erwähnt wird. Im 5. Jh. stand an dieser Stelle eine byzantinische Kirche, wie zahlreiche Pilgergraffiti beweisen.

Wo müssen wir den – sicherlich großen – Palast des Kaiphas lokalisieren? Entsprechende Bauten wurden im nordöstlichen Bereich des Zionsberges in Richtung auf das Prätorium ausgegraben. Traditionell vermutet man den Kaiphaspalast im Armenischen Viertel, wo man luxuriös ausgestattete Stadtpaläste fand, deren Wohntrakte mit floralen oder geometrischen Wandmalereien ausgestattet waren, aber ab und zu auch kleinere Tierdarstellungen zuließen. Demnach wurde das jüdische Bilderverbot (vgl. S. 8, 26, 28, 58) nicht wirklich streng ausgelegt, denn beispielsweise im bereits erwähnten Haus des Priesters Kathros fanden sich die Überreste von importierten römischen Öllampen mit Tierdarstellungen (u.a. ein Kaninchen, das an einer Pflanze knabbert). In dem Kaiphas zugeschriebenen Areal liegt eine sorgfältig gestaltete private Mikwe, die eines Hohepriesters würdig ist, sowie im Keller weitere aus dem Fels gehauene Höhlen, von denen eine als das Gefängnis Jesu gilt bzw. verehrt wird. Allerdings gibt es noch weitere entsprechend gedeutete Orte im Stadtgebiet, sodass sich eine sichere Identifizierung von vorne herein verbietet. Möglicherweise handelte es sich auch um das gleiche Haus, in dem der Schwiegervater des Kaiphas, Annas (Ananus) wohnte. Dessen Haus lag laut Josephus zwischen den Palästen des Agrippa und der Berenike.

Wie wir aus den Quellen wissen, verlor Kaiphas sein Amt im selben Jahr wie Pilatus: 36 n. Chr. setzte Vitellius ihn ab. Über sein weiteres Leben ist nichts bekannt. Ein 1990 in einer Grabkammer in Jerusalem/Talpiot gefundenes Ossuar trägt den Namen des Kaiphas. Ist es möglich, dass ein so mächtiger und einflussreicher Mann wie ein ehemaliger Hohepriester in einem eher bescheidenen Kammergrab bestattet wurde, das keinerlei Anzeichen von Luxus oder kostbarer Ausstattung (mehr?) aufwies? Von einem etwaigen obertägigen Grabbau im Stil der aus dem Kidrontal bekannten Bauwerke gibt es keine Spuren mehr, sodass an ein Abtragen der Struktur bereits in der Antike zu denken ist. Wie wir wissen, hielten die Juden des 1. Jhs. n. Chr. generell nicht viel von Gräberluxus, sodass eine Bestattung in einem Kammergrab durchaus denkbar erscheint, obwohl immer die Möglichkeit zu einer Namensgleichheit gegeben ist. Neben der Aufschrift „Qafa", also Kaiphas, trägt ein weiteres Ossuar den Namen eines „Yehosef bar Qayafa", der als Josef, Sohn des Kaiphas, übersetzt werden kann. Da Kaiphas selbst „Josef" als weiteren Vornamen führte, erscheint es gut möglich, dass er diesen Namen auch an seinen Sohn weitergegeben hat.

Jerusalem – Priester, Pilger und eine Leiter

Die Grabeskirche enthält die XI.–XIV. Station des traditionellen mittelalterlichen Kreuzwegs, davon sind XI–XII die Kreuzigungsstelle Golgata, XIII der angebliche Salbungsstein und XIV das Heilige Grab. Doch welche dieser Plätze können bis in die Zeit Jesu zurückverfolgt werden? Während sowohl Golgata als auch das Grab inzwischen als weitgehend authentisch gelten, kann man das vom Salbungsstein nicht behaupten: Er findet erst ab dem 12. Jh. überhaupt Erwähnung und wurde in seiner jetzigen Form beim Wiederaufbau nach dem Feuer von 1808 unmittelbar innen vor dem Eingang niedergelegt.

Im frühen 1. Jh. n. Chr. befand sich die etwa 40 m voneinander entfernt liegende Hinrichtungs- und Grabstätte Christi auf jeden Fall außerhalb der Stadtmauer, genauer gesagt westlich der 2. Mauer, wie es sowohl das jüdische als auch das römische Recht forderten (Stichwort: *pomerium*). Unter Herodes Agrippa II. wurde dann 44 n. Chr. das Stadtgebiet Jerusalems nach Westen hin erweitert und das Dreieck der 3. Mauer errichtet. Die Gräber, die jetzt innerhalb der Mauer zu liegen kamen, mussten geräumt und nach außerhalb verlegt werden. Zurück blieben nur die leeren Kammern, wie etwa im Falle des irrig als „Grab des Josef von Arimatäa" bezeichneten Kammergrabs unter der Rotunde der Grabeskirche.

Die ursprüngliche Grabeskirche wurde zwischen 325 und 335 n. Chr. als dreigeteilte Basilika errichtet: Über dem Heiligen Grab erhob sich schon damals die sog. Anastasis oder Grabädikula und das Martyrion im Anschluss an den Felsen Golgata; zwischen beiden Bereichen lag ein Gartenareal, das sogenannte Innere Atrium. Die Grundsteinlegung erfolgte, nachdem Kaiserin Helena, die Mutter Konstantins d. Gr., der Legende nach im Auftrag ihres Sohnes ins Heilige Land reiste und in Jerusalem auf wundersame Weise die Reliquie des Kreuzes Christi fand. Für den Kirchenbau wurde das hadrianische Aphroditeheiligtum, das an der Stelle der Kreuzigung errichtet worden war, um jegliche Erinnerung an Jesus auszulöschen, endgültig abgebrochen. Man kann es als Ironie der Geschichte ansehen, dass es gerade diese Überbauung war, die das Areal überhaupt bis zur konstantinischen Zeit konservierte. Trotzdem kann man sich fragen, wie es dennoch möglich war, dass die Bewohner Jerusalems sich nach allen Umgestaltungen genau an die Stelle der Grablegung Christi erinnerten. Es ist sicherlich von einer gewissen mündlichen Lokaltradition auszugehen – in jeder Generation gab es jemanden, der die Erinnerung daran bewahrte und an seine Nachkommen weitergab. Zudem ragte wohl ein Teil des bereits bearbeiteten Golgata-Felsens schon aus dem heidnischen Heiligtum heraus, sodass man immerhin wusste, wo man mit der Suche beginnen sollte. Immer wieder waren und wurden im Laufe der Jahrhunderte Teile des Golgata-Felsens abgetragen oder durch verschiedene Kirchenbaumeister ihren Vorstellungen „angepasst", sodass heute nur noch ein amorpher Steinblock übrig bleibt, wie sich bei jüngsten archäologischen Untersuchungen durch Joan E. Taylor und Shimon Gibson herausstellte. Auch in nachkonstantinischer Zeit gingen die Abtragungen weiter – diesmal, weil sich so mancher Pilger einen Abspliss des Felsens als Reliquie mitnehmen wollte.

Die Grabeskirche wurde im Laufe der Geschichte immer wieder zerstört und wieder aufgebaut (beispielsweise im Jahr 614 durch den Perserkönig Chosrau II.), besonders gravierend waren jedoch die Zerstörungen durch den Fatimidenkalifen al-Hakim 1009, der vor allem das bis dahin weitgehend intakte Grab abreißen ließ. Diese Aktion lieferte mittelbar innerhalb eines knappen Jahrhunderts einen der Anlässe für den 1. Kreuzzug. Heute stellt die Grabeskirche ein Konglomerat aus Bauten, Priestern und Pilgern dar, chaotisch und unübersichtlich bis zum Schwindelgefühl. Dennoch oder gerade deswegen ist es einer der magischsten Orte der Welt.

Sechs christliche Konfessionen teilen sich die Grabeskirche mit genauen Gottesdienstregeln, während die Schlüsselgewalt angeblich seit Sultan Saladin in Händen zweier muslimischer, in Jerusalem alt eingesessener Familien liegt. Das mit den Schlüsseln funktioniert besser als die Verständigung zwischen den Christen – symptomatisch dafür ist die „unverrückbare Leiter", die seit Beginn des 19. Jhs. über der Balustrade des rechten Bogens am Eingang steht (s. Bild der gegenüberliegenden Seite – rechts oben). Sie wurde nötig, als einmal die Kirche nicht durch die Tür zu betreten war und man durch das Fenster im ersten Stock klettern musste. Inzwischen fühlt sich niemand mehr dafür zuständig, die Leiter zu entfernen, also bleibt sie einfach stehen. Bereits als David Roberts 1839 seine Lithografie anfertigte, ist sie an besagter Stelle zu sehen. Zur Einschränkung sei allerdings gesagt, dass die Leiter auf den zahllosen Wiedergaben der letzten 180 Jahre immer wieder eine unterschiedliche Anzahl an Sprossen aufweist – möglicherweise ist es also doch nicht mehr das originale Exemplar vom Beginn des 19. Jhs.?

Jerusalem – Schlange stehen für eine Ruine?

Unser Bild zeigt den Blick vom oberen Bereich der Rotunde über dem Heiligen Grab hinunter auf die sich in Vielzahl drängenden Pilger, die einmal in ihrem Leben in das beengte Grabkämmerchen gelangen wollen. Bereits im 4. Jh. n. Chr. war die Grabädikula von einer gemauerten Rotunde überwölbt, während die heiligen Stätten noch in zwei verschiedenen, durch einen Garten getrennten Gebäuden verehrt wurden.

Auch dieser Bereich der Grabeskirche musste immer wieder nach Zerstörungen oder Naturkatastrophen neu errichtet oder ausgebessert werden. Der letzte Neubau in dieser langen Reihe erfolgte 1809/1810 durch den namentlich bekannten Baumeister Komminos von Mytilene auf Lesbos nach einem verheerenden Feuer. Auch um 1870 und in den 1990er-Jahren mussten Ausbesserungsarbeiten erfolgen. Die eigentliche Ädikula wurde in der britischen Mandatszeit 1947 mit einem eisernen Gerüst gestützt, das das vollkommen baufällige Gebäude seither vor dem endgültigen Einsturz bewahrt. Der Grund für die anhaltende Baufälligkeit ist übrigens nicht mangelndes Geld, sondern ein andauernder Streit um die Zuständigkeit unter den verschiedenen – offenbar gar nicht so christlichen – Konfessionen.

Von der ursprünglichen, aus dem Fels gehauenen Grabhöhle, in der Jesus niedergelegt wurde, ist so gut wie nichts mehr erhalten, seit sie 1009 unter Kalif al-Hakim bis fast auf den gewachsenen Boden abgetragen wurde. Die heutige viereckige Kammer stammt aus dem Mittelalter und der frühen Neuzeit und ständig überziehen moderne Ergänzungen oder Verschönerungen die alte Bausubstanz. Sollte die ursprüngliche Grabkammer des 1. Jhs. n. Chr. ebenfalls nur so kleine Abmessungen besessen haben wie die heute den Pilgern gezeigte? Schließlich sind aus der Antike keine Einzel-Kammergräber bekannt. Eine mögliche Erklärung wäre folgende: Josef von Arimatäa stellte das für ihn selbst vorgesehene Grab zu einem Zeitpunkt zur Verfügung, als erst sehr wenig davon ausgearbeitet war – Josef war ein Mann in den besten Jahren und hatte vielleicht noch keine Familie (zumindest keine, die ein Grab brauchte). Als er Jesus traf, hatte er erst kürzlich den Grabplatz gekauft und mit den Arbeiten an der Kammer beginnen lassen. Die bekannten großen Kammergräber entstanden erwiesener Maßen auch erst nach und nach. Das heißt, sobald wieder ein Mitglied der Großfamilie verstarb, wurde eine neue Kammer (*kokh*) aus dem Fels gehauen. So mag es auch im Fall der unterhalb der Rotunde liegenden, heute als „Grab des Josef von Arimatäa" bezeichneten Grabkammer gewesen sein.

In der Bibel wird berichtet, dass der Leichnam Jesu gesalbt und in Leichentücher eingewickelt wurde, bevor man ihn im Grab niederlegte. Wo dies geschah, ist nicht überliefert – sicher nicht auf dem heute verehrten Salbungsstein im Eingangsbereich der Kirche, der erwiesenermaßen jünger ist. Ein genauerer Blick lohnt aber auf die Leichentücher an sich: In der Antike wurde der um den Kopf gewickelte oder auf das Gesicht gelegte Teil *soudarion* (Schweißtuch, vgl. o. S. 82 cf. Veronika) genannt, das aus Tuchstreifen bestehende, um den Körper gewickelte eigentliche Grabtuch *keiria*. Im Judentum fanden oftmals sogar drei einzelne Tücher Verwendung, nämlich je eines für Vorder- und Rückseite sowie das Schweißtuch über dem Kopf. Natürlich fällt einem dazu sofort das berühmte Turiner Grabtuch ein, das angeblich ein komplettes Abbild des Leichnams Jesu zeigt – doch dieses besteht aus einer einzigen langen Bahn, die über den Kopf geschlagen wurde. Dies ist nicht der einzige Grund, der bis heute an seiner Echtheit zweifeln lässt. Immer wieder wird das Tuch als eindeutig mittelalterliche Fälschung mit einem C14-Datum von 1260–1390 bezeichnet, andererseits fanden sich im Gewebe Pollen von Pflanzen, die nur in Palästina wachsen. Auch vom Abdruck einer römischen Münze war die Rede und kürzlich wurde gar die verwendete Webart des überaus qualitätvollen Stoffes (Fischgratköper) für nicht antik gehalten. In Europa kommt entsprechendes Gewebe ab der Eisenzeit vor und es ist nicht einzusehen, warum gerade in einem für seine Textiltradition so berühmten Gebiet wie der Levante diese Technik unbekannt gewesen sein sollte. In diesem Fall widersprechen sich allerdings zwei ausgewiesene Textilexpertinnen und man darf gespannt sein, wie das Rätsel sich wird lösen lassen.

Zuletzt sei noch auf den einzigen archäologischen Fund eines gekreuzigten Menschen hingewiesen: In Jerusalem/Giv'at ha-Mivtar fand sich 1968 in einem Ossuar das Skelett eines erwachsenen Mannes, das belegt, dass die Beine des Verurteilten nicht einzeln ans Kreuz geschlagen, sondern durch die Fersen mit einem Nagel fixiert wurden. Seither kann man sich die Kreuzigung Jesu bildlicher vorstellen, auch wenn diese Todesart keineswegs so selten war wie es dieser singuläre Fund nahelegt. Leider sind die anthropologischen Ergebnisse aus den 1960er-Jahren mehr als zweifelhaft und mussten inzwischen mehrfach korrigiert werden. Die genaue Rekonstruktion bleibt jedoch nach wie vor ungeklärt, da alle Erklärungsversuche die grausame Hinrichtungsart Kreuzigung bei Weitem zu kompliziert erscheinen lassen, was in deutlichem Gegensatz zum erwiesenen Pragmatismus der Römer steht!

Jerusalem – ein Familiengrab für Jesus?

Nach Aussage der Bibel war das Grab Jesu mit einem Rollstein verschlossen, was sich archäologisch in der Grabeskirche aufgrund der vielen baulichen Veränderungen nicht mehr sicher verifizieren lässt. Daher wird oft das sogenannte „Gartengrab" als Beispiel dafür genommen, wie das Grab Jesu „hätte aussehen können". Die über Jahrhunderte hinweg immer wieder verwendete Grabhöhle aus der Eisenzeit befindet sich knapp außerhalb der antiken Stadtmauer nördlich des Damaskustores an der Nablus Road in einem Bereich, der noch zur Römerzeit für Bestattungen genutzt wurde. Der Rollstein ist nicht mehr erhalten, nur die ihn ehemals führende Steinrinne (s. Bild auf der gegenüberliegenden Seite).

Im 1. Jh. n. Chr. waren Rollsteingräber zwar üblich, aber nicht die alleinige Grabform, da sie als technisch aufwendige Anlagen einen gewissen Wohlstand der Auftraggeber voraussetzten. Angeblich stellte der reiche Josef von Arimatäa sein eigenes, noch unbenutztes Grab zur Verfügung, das noch nicht fertig ausgearbeitet war – schon aufgrund dieser Aussage kann das „Gartengrab" nicht das Grab Jesu sein. Es wurde erstmals 1874 durch Conrad Schick beschrieben, die Identifizierung als Grab Jesu erfolgte 1883 durch den britischen General Charles Gordon, einem evangelikalen Christen, der 1885 beim Mahdi-Aufstand im Sudan fiel. Er hielt das Grab vor allem wegen der „Schädelform" des Felsens für das Grab Jesu. Ihm folgen bis heute bestimmte Glaubensrichtungen der Anglikaner, Freikirchler und Evangelikalen, während aus archäologisch-historischer Sicht diese Bestimmung längst nicht mehr gültig ist. Im Inneren finden sich heute noch viele christliche Graffiti aller Zeiten, sodass der Bau aufgrund seiner Lage in einem Garten noch immer als Ort der christlichen Meditation gelten kann.

Doch es gibt neuerdings noch einen weiteren angeblichen Kandidaten für das Grab Christi: Vor einigen Jahren ging die Sensationsmeldung durch die Presse, man habe das „Familiengrab" der Familie Jesu entdeckt. Das ist, gelinde gesagt, Augenwischerei. Zwar tragen einige der in diesem simplen Kammergrab in Talpiot gefundenen Ossuare tatsächlich Namen aus Jesu persönlichem Umfeld, aber diese waren im 1. Jh. n. Chr. so allgegenwärtig, dass sie selbst in Kombination nicht als singulär interpretiert werden dürfen: Mariamenou (e/kai) Mara, Yeshua Sohn des Josef, Yehuda Sohn des Yeshua, Yoseh, Marja und Matyah. Insgesamt befanden sich einschließlich der namenlosen Primärbestattungen mindestens 35 Individuen in diesem Grab, auf den Ossuarien namentlich genannt sind nur die sechs erwähnten. Daher bleiben mindestens 29 Individuen von vorneherein in dem folgenden Konstrukt unberücksichtigt, was an sich schon zu denken gibt. Trotzdem formte man daraus diese „Sensation": „Mariamenou" sei in Wahrheit Maria Magdalena, die mit Yeshua/Jesus verheiratet war und den Sohn Yehuda von ihm bekam. Auch Maria und Josef sind vertreten, sowie ein nicht so einfach in die Geschichte einzubauender Matyah.

Dies wurde mit großem medialen Getöse – schließlich war der Kultregisseur James Cameron beteiligt – als „statistisch erwiesene einmalige Namenskombination" publik gemacht. Alle widersprüchlichen Fakten dagegen wurden ignoriert, „Ergebnisse" an den Haaren herbeigezogen und sehr subjektiv auf die gewünschte Aussage hin interpretiert. Jürgen Zangenberg nennt das treffend: „ergebnisgeleitet". Selbst die sonst so zuverlässigen DNS-Analysen werden hier zum Werkzeug: Während man etwa keine Untersuchungen zur Altersstruktur aller Bestatteten vornahm, schloss man anthropologisch eine Verwandtschaft mütterlicherseits von „Maria Magdalena" und „Jesus" aus, was zwingend zur Folge hatte, dass sie verheiratet gewesen sein mussten (sic!). Andererseits wurde ausgerechnet der Verwandtschaftsgrad des angeblichen Sohnes Yehuda nicht untersucht – ganz abgesehen davon, dass die aus einem Ossuar geborgene DNS nicht notwendigerweise mit dem in der Aufschrift genannten Namen in Verbindung stehen muss.

Dies alles würde voraussetzen, dass Jesus nach der Primärbestattung im Grab des Josef von Arimatäa nach einem Jahr (eine etwaige Auferstehung natürlich ausgeklammert) in das Ossuar von Talpiot umgebettet wurde, um dann mit seinen „Familienmitgliedern" in dem Kammergrab seine letzte Ruhe zu finden – die Crux ist, ob man überhaupt davon ausgeht, dass es eine heute nachweisbare archäologische Bestattung Jesu gibt oder je gegeben hat (dann ist alles, was die Bibel nach seinem Tod berichtet, fromme Legende) oder nicht (wer aufersteht, braucht kein Ossuarium). Ganz abgesehen davon, dass einschlägige Quellen fehlen.

Zu guter Letzt noch das i-Tüpfelchen der Geschichte: Tatsächlich ist „Mariamenou kai Mara" die einzige griechische Aufschrift unter lauter aramäischen, was in einer hellenisierten Zone wie Palästina nicht viel heißen muss. Aufgrund neuerer Untersuchungen sind jedoch auf diesem Ossuar eindeutig zwei Frauen verzeichnet, deren Namen von verschiedenen Händen zu verschiedenen Zeiten graviert wurden. So viel also zu Maria Magdalena.

Jerusalem – „Steh auf, meine Freundin, meine Schöne, so komm doch!"

In Jerusalem wird nicht nur das Grab Christi, sondern auch das seiner Mutter Maria verehrt. Es liegt im nördlichen Kidrontal am Fuß des Ölbergs, nahe der heutigen Kirche aller Nationen. Dort wurde Maria angeblich nach ihrem Tod auf dem Zionsberg von den Aposteln neben den Gräbern ihrer Eltern Anna und Joachim begraben, die in einer Seitenkapelle zu sehen sind. Maria lag dort drei Tage bis zu ihrer Himmelfahrt, als Christus sie mit den Worten aus dem Hohelied Salomos zu sich in den Himmel rief: „Steh auf, meine Freundin, meine Schöne, so komm doch!" Es gibt noch einen zweiten Ort, an dem an Marias Tod erinnert wird, nämlich die eigentliche Dormitiokirche auf dem Zionsberg nahe beim Abendmahlsaal (vgl. o. S. 78). In der Ostkirche wird dieses Sterben als „Dormitio" (= Entschlafen) der Theotokos, also der Gottgebärerin, verehrt. Eine bedeutende, hier gezeigte Marienreliquie ist der „Gürtel der Jungfrau", der besonders bei Problemen in Bezug auf Schwangerschaft und Geburt hilfreich sein soll.

Das Mariengrab im Kidrontal teilt sich einen Eingang mit der sogenannten Getsemanegrotte, deren Zugangstunnel sich nach rechts vom Vorhof des Grabes ableitet. Dies ist angeblich die Höhle, in der Jesus die Nacht vor seiner Verhaftung betend verbrachte, doch die Identifizierung des Ortes ist nicht eindeutig. Der traditionelle „Garten Getsemane" liegt genau auf der anderen Straßenseite. Ursprünglich war die Getsemanegrotte im 4. Jh. n. Chr. mit Mosaiken ausgestattet worden, die aber nach und nach durch spätere Bestattungen fast völlig zerstört wurden. Ebenfalls ab dem 4. Jh. n. Chr. wurde der Bereich um das Grab zu einer Kirche ausgebaut, die dann im 12. Jh. durch die fränkischen Kreuzfahrer bedeutend erweitert wurde. Auch ein Kloster der Benediktiner von Cluny wurde zu dieser Zeit angeschlossen. Beidseits der breiten Treppe, die zum Grab hinunterführt, befinden sich in zwei Kapellen die Gräber von vier Königinnen des Kreuzfahrerfürstentums Jerusalem. Darunter ist auch die berühmte Melisende, die nach dem Tod ihres Gatten Fulk von Anjou eine Zeit lang die Regentschaft über das Königreich für ihren minderjährigen Sohn Balduin III. führte. Die Grablegung der Königinnen nahe beim Mariengrab ist ein Hinweis auf die insbesondere im 12. Jh. erstarkte Marienverehrung, die vom berühmten Zisterzienserabt Bernhard von Clairvaux angeregt worden war. Unser Bild zeigt die durch zahllose Hängelampen erleuchtete Grotte des Mariengrabs mit Blick auf die Zugangstreppe rechts.

Die vor allem in der Ostkirche vertretene Lokalisierung des Mariengrabs im Kidrontal liegt im Widerspruch zur westlichen Tradition, wonach Maria Jesu Lieblingsjünger Johannes nach Ephesus folgte und dort in einem kleinen Haus lebte und starb. Dieses Häuschen wurde im Mittelalter abgetragen und nach Loreto in Italien verbracht, allerdings ganz ohne die Mithilfe von Engeln, wie es die spätere Legende behauptet.

Im Jahre 1363 erwarben die Franziskaner das Grabgelände, wurden aber um die Mitte des 18. Jhs. von den Griechisch-Orthodoxen und den Armeniern genötigt, ihnen die Rechte an dem Grab abzutreten, da es vor allem von ihnen verehrt wurde. Auch heute noch steht es unter ihrer Verwaltung und in den beiden Apsiden befinden sich bedeutende armenische Altäre.

Als Maria mit Josef verlobt wurde, war sie mit 12 oder 13 Jahren für heutige Begriffe sehr jung. Doch lag während der gesamten Antike – und besonders im Vorderen Orient – aufgrund der geringeren Lebenserwartung das Heiratsalter der Mädchen generell niedriger als heute. Dies führt dazu, dass Maria auf den meisten Darstellungen als sehr junge, schöne Frau abgebildet ist, während nur einige Gemälde, die die „Schmerzensmutter", also Maria nach der Kreuzigung Jesu, zum Thema haben, sie als reifere Frau zeigen.

Die Kirche über dem Mariengrab wurde 1187 bei der Eroberung durch Sultan Saladin zerstört, der nur die Krypta verschonte, weil Maria auch im Islam verehrt wird. Maria oder Maryam, wie sie auf Arabisch heißt, gilt als Mutter des Propheten Isa (= Jesus, der letzte Prophet vor Mohammed) und ist die einzige im Koran namentlich genannte Frau. Sogar eine komplette Sure, Sure 19, trägt ihren Namen. Insgesamt wird sie im Koran sogar häufiger erwähnt als in der Bibel, wobei auch hier insbesondere der Aspekt der Jungfrauengeburt betont wird. Maria gilt wie Fatima und Khadija (die Tochter und die erste Frau Mohammeds) als von Gott auserwählt und ist somit Vorbild für alle muslimischen Frauen. In Sure 19 wird geschildert, wie sie den Heiligen Geist empfängt und sich den Anordnungen Gottes beugt. Schließlich bringt sie, abgeschieden von aller Welt, Jesus unter einer Palme, von der sie sich zuvor ernährte, zur Welt und trägt ihn dann ins Dorf. Auf die erstaunten Fragen der Nachbarn antwortet dann der Jesusknabe selbst und erklärt seine Herkunft und zukünftige Funktion als Prophet. Trotzdem kritisiert der Islam die scheinbar übermäßige Marienverehrung der Christen, da jegliche Fürbitten nur an Gott selbst zu richten wären, nicht aber an seine Geschöpfe Jesus und Maria.

„Dies ist Jesus, der Sohn der Maria – das Wort der Wahrheit, das sie bezweifeln" (Koran, Sure 19,34).

Wadi Qelt – Emmaus ist überall

Zum Ende unserer „Ortsbegehung" auf Jesu Spuren wollen wir noch einen Blick auf einen der umstrittensten Orte werfen, an dem der Messias je in Erscheinung getreten ist: Emmaus. Der lateinische Name „*Emmaus*" entspricht dem hebräischen „*Hammat*" und bedeutet nichts anderes als „warme Quelle". Dementsprechend war dieser (Bei-)name im antiken Palästina nicht gerade selten und die Forschung tut sich bis heute schwer, „*das*" Emmaus der Bibel zu identifizieren.

Doch zunächst kurz zu den Ereignissen, die dort stattfanden: Nach der Auferstehung, am Tag nach Pessach, gingen zwei Jünger von Jerusalem aus in Richtung Emmaus, wo der eine von ihnen, Kleopas, zu Hause war. Unterwegs trafen sie einen einsamen Wanderer, den sie nicht erkannten. Sie gingen ein Stück mit ihm gemeinsam, diskutierten über die Heilige Schrift und luden ihn schließlich zum Abendessen ein. Erst als dieser „Fremde" in altbekannter Manier das Brot brach, erkannten ihn die beiden Jünger als den auferstandenen Jesus. Nachdem dieser sich von ihnen verabschiedet hatte und wieder in den Himmel aufgefahren war, kehrten Kleopas und sein Freund sofort nach Jerusalem zurück, um die übrigen Jünger zu benachrichtigen.

Die Identifizierung des Zielortes Emmaus ist nicht einfach. In der Bibel steht, er wäre „60 Stadien" von Jerusalem entfernt. Das Problem beginnt bereits damit, nach welchem Schlüssel man die Strecke in Kilometer umrechnet. Gemeinhin werden 11,5 km für die 60 Stadien angegeben. Dazu kommt, dass die Strecke am selben Tag zweimal hätte zurückgelegt werden müssen, wenn die Jünger nach dem Essen direkt zurück nach Jerusalem eilten. Wenn man dazu noch die Zeit für die Einkehr rechnet, so kann die Entfernung nicht allzu groß gewesen sein. Zudem wird am Schluss des Lukaskapitels Folgendes ausgesagt: „er (Jesus) führte sie aber hinaus bis gen Betanien", was impliziert, dass Emmaus im Osten Jerusalems in der Nähe von Betanien lag.

Dies könnte auf drei (oder vier?) Orte im Umkreis von Jerusalem zutreffen: Amwas, Abu Gosh und El Qubeibeh; außerdem das jüngst als Emmaus identifizierte Motsa.

Amwas (Imwas), das antike Nikopolis, ist mit 153–161 Stadien (je nachdem, welchen Weg man beschreitet) oder maximal 31 km mit Sicherheit zu weit entfernt, als dass man den Weg an einem Tag zweimal zurücklegen konnte. Allerdings favorisierten Eusebius und Hieronymus diesen Ort, in dem das Haus des Kleopas zur Basilika umgebaut worden sein soll. Daraufhin wurde es schon in der Spätantike zum Pilgerziel. Edward Robinson hatte es bereits im 19. Jh. als den biblischen Ort identifiziert.

Kirjat Jearim/Abu Gosh liegt mit 83 Stadien ebenfalls zu weit weg und hieß im 1. Jh. n. Chr. zudem nicht Emmaus, obwohl es im Mittelalter als solches von den Kreuzfahrern identifiziert wurde. Selbst der Heilige Franziskus von Assisi soll die dortige Emmaus-Kirche besucht haben!

El Qubeibeh entspricht mit 65 Stadien annähernd der biblischen Beschreibung, sein antiker Name lautete sogar *Castellum Emmaus* nach dem dortigen Römerlager. Außerdem gibt es kreuzfahrerzeitliche Reste.

Dazu kommt noch Motsa, ein Vorort Jerusalems, der ursprünglich ebenfalls Emmaus hieß, bevor er von Vespasian in die Veteranenkolonie Colonia umgewandelt wurde. Dieser Ort liegt 30 Stadien von Jerusalem entfernt in Richtung Tel Aviv (damit wäre in der Bibel der Hin- und Rückweg mit 60 Stadien verzeichnet, was eher ungewöhnlich ist) und ist heute ein 1948 aufgelassenes palästinensisches Dorf, das bis ins 20. Jh. hinein den römischen Namen Kolonia beibehalten hat. Dort grub der Paderborner Jesusforscher Carsten Peter Thiede in den Jahren 2001–2004 – er fand vor allem kreuzfahrerzeitliche Reste, u.a. von einer Kirche, die an das Emmaus-Wunder erinnert, und einer Pilgerherberge. Thiedes Ergebnisse sind in der Fachwelt bislang umstritten – erst langsam scheint sich diese vierte Identifizierung durchzusetzen.

Wir haben unseren Band mit einer Straße, der von Nazaret nach Sepphoris, begonnen und nun enden wir mit einer weiteren Straße in Leben und Auferstehung des Jesus von Nazaret. Unser Bild zeigt – statt welches Emmaus auch immer – das Wadi Qelt zwischen Jerusalem und Jericho, eine häufig begangene Route. Auch hier treffen sich zwei Menschen. Wichtiger als alle Identifizierungsversuche ist daher der symbolische Kern der Emmaus-Geschichte: Menschen begegnen sich auf einem Weg – erkennen sie sich oder erkennen sie sich nicht? Erkennt man immer sein Gegenüber? Seinen Nachbarn? Genau dies passiert jeden Tag in Israel, dieser magischen Region, dem Heiligen Land. Allzu oft erkennen die Menschen nicht einmal ihre arabischen Brüder, die ihnen seit vielen Jahren vertraut sein sollten. So bleibt nur die Hoffnung auf Begegnung, Frieden und Verständigung im Heiligen Land. Um mit dem englischen Barockdichter John Donne zu sprechen: „Niemand ist eine Insel" – auch Israel nicht.

Wir danken

der *Gerd und Margarethe Krämmer Stiftung*

und *Herrn Peter Eugen Eckes*

für ihre großzügige Förderung und Unterstützung.

Abbildungsnachweis:

S. 7, 8, 10 (Herodion, Caesarea Maritima): Sandra Fortner; S. 9 (Qumran): Andrea Rottloff; S. 9 (Räucherschaufel): Bethsaida Excavation Project/H.-W. Kuhn; S. 11: Stanislao Loffreda, Kapernaum, Franciscan Printing Press, Jerusalem 1994, S. 12, 14 (Dachziegel), 15 (Zeichnung Tempelkomplex): Wolfgang Zwickel, S. 4, 14 (Banias), 25, 49, 53, 91, 95: Sandu Mendrea, Titelbild, S. 6 (Bar'am), 10 (Pilatusstein), 15 (Modell Tempel des Herodes), 17, 19, 21, 23, 33, 35, 41, 43, 51, 55, 59, 61, 67, 69, 71, 75, 77, 79, 81, 83, 85, 87, 89, 93: Dinu Mendrea, S. 6 (Magdalenenkirche und Felsendom), 27, 29, 31, 37, 39, 45, 47, 57, 63, 65, 73: Radu Mendrea

Besuchen Sie die Fotografen auch im Internet unter www.photomendrea.com.

Ausgewählte Bibliografie

W. Eck, Rom und Judaea. Fünf Vorträge zur römischen Herrschaft in Palaestina. Tria Corda 2 (Tübingen 2007).

G. Faßbeck/S. Fortner/A. Rottloff/J. Zangenberg (Hrsg.), Leben am See Gennesaret. Kulturgeschichtliche Entdeckungen in einer biblischen Region. Zaberns Bildbände zur Archäologie (Mainz 2003).

S. Gibson, Die sieben letzten Tage Jesu. Die archäologischen Tatsachen (München 2012).

Y. Hirschfeld, Qumran – Die ganze Wahrheit. Die Funde der Archäologie – neu bewertet (Gütersloh 2004).

H.-P. Kuhnen, Palästina in griechisch-römischer Zeit. Handbuch der Archäologie, Vorderasien II,2 (München 1990).

J. Schefzyk/W. Zwickel (Hrsg.), Judäa und Jerusalem. Leben in römischer Zeit (Stuttgart 2010).

Impressum:

96 Seiten mit 54 Farb-, einer Schwarzweiß-, 3 Strichabbildungen und zwei Karten

Titelbild: Ebene von Masada

Bibliografische Information der Deutschen Nationalbibliothek
Die Deutsche Nationalbibliothek verzeichnet diese Publikation in der Deutschen Nationalbibliografie; detaillierte bibliografische Daten sind im Internet über http://dnb.d-nb.de abrufbar.

© 2012 by Nünnerich-Asmus Verlag & Media, Mainz am Rhein

ISBN 978-3-943904-01-7

Gestaltung: Scancomp GmbH

Lektorat: Frauke Itzerott

Gestaltung des Titelbildes:
Konstanze Engelbach, dreivorzwölf marketing GmbH

Alle Rechte, insbesondere das der Übersetzung in fremde Sprachen, vorbehalten. Ohne ausdrückliche Genehmigung des Verlages ist es auch nicht gestattet, dieses Buch oder Teile daraus auf fotomechanischem Wege (Fotokopie, Mikrokopie) zu vervielfältigen oder unter Verwendung elektronischer Systeme zu verarbeiten und zu verbreiten.

Printed in Germany by Nünnerich-Asmus Verlag & Media

Printed on halbmatt Bilderdruck „Galaxi Keramik", PapierUnion, Deutschland

Weitere Titel aus unserem Verlagsprogramm finden Sie unter: www.na-verlag.de